はじめての
在宅介護
シリーズ

「食べる」介護のきほん

誤嚥を防いで食の楽しみをキープする、食事介助&お口のケア

歯科医師・栄養士
齋藤真由 著

SE
SHOEISHA

はじめに

起き上がる、歩く、座る、食べる、話す、着替える、排泄する——介護が始まると、長年当たり前のようにやっていた日常の動作が徐々に（場合によっては急速に）難しくなり、その一部や全部を介助してもらうようになります。

中でも「口から食べること」は、高齢期の生活の質（クオリティ・オブ・ライフ／QOL）に直結します。口から食べて栄養を摂取し、内臓を動かすことが難しくなると、身体機能の衰えが進み、介護度の上昇も速くなります。何より、自分の好きなものを食べられることは、制限が増えた生活において大切な楽しみの1つです。

そこで、本書では「口から食べる力」をできるだけキープするために、誤嚥《ごえん》を防いで安全に食べることと、お口の中を清潔にしておくことについて、家庭で実践できることを紹介したいと思います。

私の専門は「摂食嚥下障害」で、口から食べる機能の維持や、障害に対してどうアプローチするかをテーマに診療を行っています。もともとは栄養学を専攻していたのですが、学ぶうちに「ああ、そうか！　人は口から食べているのだ」という事実に改めて気がつき、「食べること」をトータルでみられるようになろうと歯科医学の道に進みました。

本書では、歯科医学と栄養学という2つの視点で、多くの患者さんを診察し、そのご家族も含めた関わりの中で教わったことや、多くの研究結果をすりあわせ、そのエッセンスをまとめています。そして、「きちんとした理屈を知った上で、手抜きをする」ということをコンセプトにしています。

「手抜き」というと、サボっているとか、放棄しているといったマイナスイメージがあるかもしれませんが、私の考える手抜きは「仕事の効率化」です。はじめての介護では、理由はよくわからないけれど「そう言われたからやっている」「そういうものだと思ってやっている」ことで、介護者の身体的・精神的な負担が増えているケースが多々あります。

例えば、食事は毎日のことなので「食事を用意するのが大変」「食事量が減って心配」といった声をよく聞きます。1回1回の食事に向き合っていると、「支度する時間がない」「食べてくれない」と焦る気持ちが生まれますが、「3日間くらいで見て食事量がとれていればいい」「明日、デイサービスで栄養バランスのとれた昼食が出るから今日は簡単でいい」といった考え方もできます。

また、歯を磨いて口の中を清潔にしておくことは、味を感じやすくし、口の中の汚れが原因となる全身的な病気を防ぐためにも重要です。理想は毎日朝昼晩の3回、しっかり歯磨きすることですが、在宅介護ではそこまで手が回らないという場合が多いでしょう。「なぜ歯を磨くのか?」「どこに重点を置いてやればいいのか?」というポイントを知っていると、ケアの時間を短縮でき、口の中のトラブルも減り、結果的に介護者の負担軽減にもつながります。

私が「手抜き」にこだわるのは、ほんの短い期間でしたが、自身の父親の介護を経験したからです。仕事柄、在宅介護をするご家庭の様子は数多く見てきましたが、自分が介護者の立場になってみると、やはり大変でした。一方で、ケアマネジャーさんなどに相談し、介護サービスを利用することと、家族でサポートすることが、少しでも整理できてくると、心に余裕が生まれるのを実感しました。

介護は迷いと決断、そして「これでよかったのか?」という悩みの連続ですが、そのときに本人や家族が出した答えはすべて正解だ、と私は思っています。

本書で紹介している内容も「これがベスト」というわけではありませんし、すべてを実践しなければならないわけでもありません。介護にかけられる人手やお金、仕事や子育てとの両立など、事情は家族ごとに異なります。本書をヒントの1つにしていただき、介護する人もされる人も、お互いに少しでも負担が軽くなり、我慢することが減り、好きなものや美味しいものを味わい、充実した日々を過ごす助けになればうれしい限りです。

では早速、食べる仕組みの話からスタートいたしましょう!

齋藤 真由
2021年10月

CONTENTS 目次

第2章

食事中のこんな「困った」ありませんか？

第3章 食事の「困った」は姿勢で改善できる

第4章 家庭でどこまでできる？ 現実的な口腔ケア

第5章 噛む・飲み込む力を高めて病気を予防

第1章

「食べる楽しみ」をキープするために知っておきたいこと

「食べる」仕組み

1 「口から食べる」って、やっぱり大事？

- 「口から食べてお尻から出す」が健康の秘訣
- 美味しく楽しい食事がもたらす心の安らぎも大切

口を動かすと、口の中がキレイになる？

「先生さ、うちのばあちゃん、食べないから点滴してよ」

あるご家族から言われた言葉です。「口から食べられないのなら、点滴で栄養をとって元気になってもらいたい」という気持ちはよくわかります。例えば、脱水症などは一時的に点滴をしたら元気になったりします。

ですが、食事はやはり口から食べたほうがいい。その理由をご説明しましょう。

友達とのランチでピザを食べたとしましょう。アツアツのピザを頬張りながら、一緒に旅したイタリアの思い出話に花が咲きます。その夜、家に帰ったあなたはお風呂に入り、身体をこすってアカ（古い皮膚）を落とし、お湯で洗い流してサッパリ……。

突然、お風呂の話？　と思われたかもしれませんが、実はこれと同じことが、ピザを食べているときに、あなたの口の中でも行われているのです。というのも、食べたり話したりすると、その動きによって舌や食べもので口の中がこすられ、古くなった粘膜がうまく剥がされます。そして、それを唾液が洗い流すことで口の中は清潔になります。つまり、**食事や会話で口を動かすことは、口の中を自らキレイにすること**なのです。口の中をキレイに保つ条件は「口から食べていること」であるとの研究報告もあります。

食べることが筋トレに？

モグモグ、ゴックンと噛んで飲

口から食べることで身体に何が起きるのか？

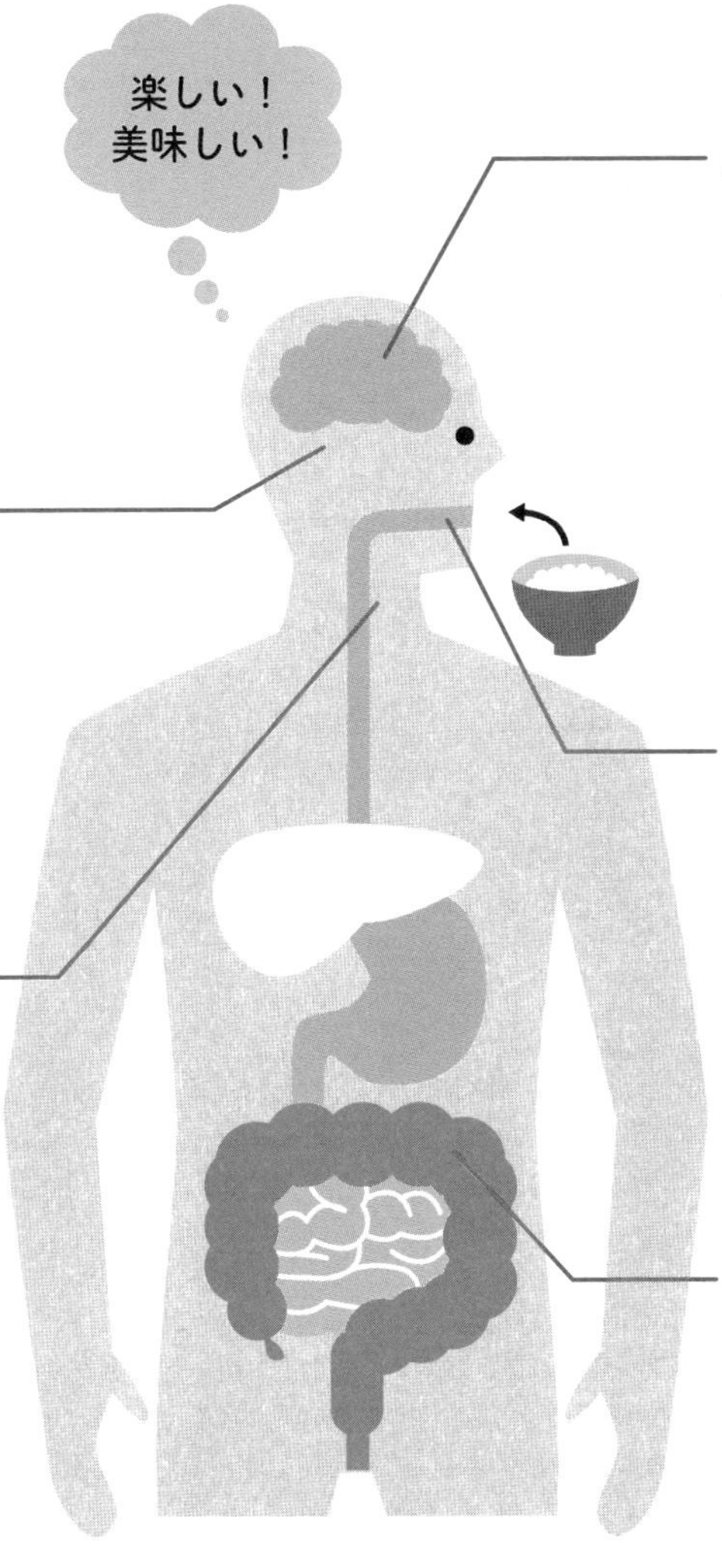

脳を活性化

噛む・飲み込む動作で脳が刺激される

五感を刺激

味わうだけでなく、食べものを見る、匂いを嗅ぐ、食具を手で持って使うなど、様々な感覚が刺激される

口の中の自浄作用

咀嚼《そしゃく》による摩擦や唾液の分泌で、口の中の汚れが洗い流され、細菌の繁殖も抑えられる

口周りや首周りの筋トレ

モグモグと咀嚼筋を動かし、ゴックンと喉を持ち上げて飲み込む動作を繰り返すことが筋トレになる

内臓を動かす

食べものが胃や腸で消化・吸収される。腸を動かすことで免疫機能もアップ

モグモグ、ゴックンと噛んで飲み込む動作は、口周りや喉の筋肉を使って行われています。なので、食べること自体が筋力トレーニングにもなっています。

み込む動作は、口周りや喉の筋肉を使って行われています。なので、**食べること自体が筋力トレーニング**にもなっています。モグモグと咀嚼筋を動かし、ゴックンと首周りの筋肉を使い、喉を持ち上げて飲み込む一連の動作を何度も繰り返すのですから、十分な筋トレですよね。

お腹を鍛えて免疫力アップ

口から入った食べものの栄養や水分は、腸で取り込まれます。「腸管免疫」といって、**腸は免疫機能の60%程度を担っており**、その働きは腸を使って鍛えることで維持されます。

「口から食べる」を点滴に変えた場合、血管から水分や栄養を入れることになるため、腸を動かすことがあまりありません。そのことは、免疫機能にも影響します。そのため、何かしらの病気で腸を休めなくてはいけない場合を除いて、腸はしっかりと動かす必要があるのです。

食事は心の栄養でもある

家族や友人と食事をしながら、美味しいと感じ、思い出話に花が咲くような楽しい場は、口から食べてこそ得られる心理的満足感でしょう。ですから、たとえ少しでも口から食べるということは、**身体と心に安定をもたらしてくれる**のです。

事例

　食べることが難しくなり胃ろう（126ページ）にしたところ、それを境に口の中が非常に汚れるようになってしまった患者さんがいらっしゃいました。主な栄養は胃ろうからとるため、口から食べることは少なくなり、誰かと会話をすることもほとんどない状態。口を動かすことが大幅に減ったからでしょう。

　看護師や歯科衛生士とともに口腔ケアに力を入れて、何とか清潔の維持はできましたが、「口を動かさなくなると、こうなるのか……」と改めて強く感じた症例でした。以前、摂食嚥下障害患者への口腔ケアについて調査した際も、胃ろうの人ほど歯科衛生士による専門的口腔ケアが必要である割合は高くなっていました。

2 なぜ、口の中を清潔にしなければならないの？

- 口の中には細菌がいっぱい
- 誤嚥性肺炎や歯周病は全身にも影響を及ぼす

口の中の細菌の数はアレと同じ?!

ご存じの通り、食べものは口から入って消化・吸収され、便という最終形態でお尻（肛門）から出ていきます。便は「汚いもの」と認識されていますが、口の中の汚れである歯垢には1mgあたりに数億個もの菌がいるといわれ、実はこれは便と同じレベル。つまり、**便と同じくらいの量の菌が口の中にもいる**ということです。

口の中の温度は37度くらいで、唾液により潤っているので、細菌が繁殖しやすい環境です。歯垢の中の70～80％程度が細菌なので、それが増えるほど虫歯や歯周病などのリスクも高まります。

誤嚥性肺炎と口の汚れの関係

家族を介護している人や、身近に高齢者がいる人は、「誤嚥《ごえん》性肺炎」という病名を聞いたことがあるのではないでしょうか。誤嚥性肺炎とは、**食べものなど空気以外のものが肺に入ってしまい（誤嚥）、それによって肺に炎症が起**

誤嚥性肺炎や糖尿病の他にも、噛み合わせの悪化によりバランスを崩して転倒しやすくなるという報告があります（転倒は「寝たきり」の主要原因です！）。また、食事が思うようにとれず低栄養になるなど、口の中の状態は全身に影響します。

誤嚥性肺炎の主な原因

食事中に食べものが、胃ではなく肺に入ってしまう
胃から食べたものが逆流してくる
就寝中に口の中の唾液（細菌を含む）が肺に入る
ZZZ...

きる呼吸器疾患です。

嚥下機能（飲み込む力）が低下した高齢者、脳梗塞などの脳血管疾患やパーキンソン病などの神経筋疾患の患者さんなどに多く発生することが知られており、そうした人が食事のときに食べものが胃ではなく肺に入ってしまうことが主な原因とイメージする人も多いでしょう。

ところが、この病気の原因はそれだけではありません。**口の中の細菌を含んだ唾液や、胃から逆流してきた嘔吐物なども原因**になるのです。また、就寝中に少しずつ唾液が肺に流れ込んで、それが誤嚥性肺炎を引き起こすこともあります。

つまり、食べものに限らず、口の中にあったものが肺に入ってしまったとき、口の中の細菌が多いほど、そして身体の抵抗力が低い

歯周病が糖尿病に影響する仕組み

歯周病があると糖尿病が悪化しやすい

歯周病

・慢性的な炎症で炎症性サイトカインが分泌される
⬇
・インスリンの効きが悪くなる
⬇
・血糖値が下がりにくくなる

糖尿病

・高血糖が続き血管がもろくなる
⬇
・血流が悪化し、好中球（白血球の一種）の機能が低下
⬇
・感染しやすくなる
⬇
・歯周病の発症リスクが上昇

糖尿病があると歯周病になりやすく、悪化しやすい

介護度が高くなると、口の中のケアも歯科治療も難易度が上がります。虫歯で大きく欠けた歯やぐらぐらと動く歯がある場合は、なるべく元気なうちに（自分で歯医者さんに通えるうちに）治療をすませておきましょう。

ほど、肺炎を起こしやすくなります。だから、**口の中を清潔にして細菌数を減らしておく**ことが、肺炎予防の第一歩となるのです。

歯周病は口の中だけの病気ではない

歯を失う原因として最も多いのが歯周病です。歯周病は、**歯と歯茎の間の歯周ポケットから細菌が入り込んで炎症を起こす**もので、炎症によって歯茎が赤く腫れ、歯の周りの骨が溶けてしまいます。

　さらには、細菌や細菌が出す毒素が歯茎の血管に入り込み、血液の流れに乗って全身に運ばれます。こうなると、**口の中だけではない身体全体の病気に関連**していくのです。

　特に注目されているのが、歯周病と糖尿病の関係です。どちらも慢性的に続く炎症が原因で、その

炎症細胞から出る物質（炎症性サイトカイン）が血糖値を下げるホルモン（インスリン）の効きを悪くします。歯周病の人がその治療をきちんとしたところ、血糖値も改善したという報告もあります。

歯周病は意外にも、**虫歯になりにくく、キレイな歯がそろっている人ほど注意が必要かも**しれません。痛みなどがあって治療の必要性を感じないと歯医者さんに行かないという人が、少なくないからです。歯科検診やクリーニングなどで定期的に口の中のチェックを受けていないと、ケアがおろそかになりがちで、気づいたら歯周病……というケースもあります。

食べる力をキープすることと、口の中を清潔に保つこと。この2つは、高齢期の健康維持のため、介護度を重くしないためにも、重要なポイントです。

事例

以前、「口の中の出血が止まらない」という患者さんが急患でいらっしゃいました。まず考えたのが歯周病ですが、それにしては出血の仕方がおかしい。血液検査をしてみると、血小板という止血に関わる血液成分の1つの数値が異常に低く、特発性血小板減少性紫斑病という病気であることが判明しました。

口の中の異常は、歯周病と糖尿病の関連だけでなく、全身的な病気の発見につながることもあります。口の中のトラブルで、「何だかいつもと違う」「おかしいな」と感じたら歯科医師に相談するようにしましょう。

全身の衰えは口から始まるといっても過言ではありません。歯が痛いと、「食べる楽しみ」が減ってしまい、食事が億劫になって低栄養に陥る可能性もありますし、「健康のために運動しよう」という気分にもなれませんよね。前歯が抜けてしまい、「人と会って話をするのが恥ずかしい」と外出の機会が減ってしまう人もいます。口の中の状態の悪化は、身体的にも精神的にも不健康を招きかねないのです。

3 「食べやすい食事」ってどんなもの？

●本人にとって「食べやすいもの」が誤嚥予防になる
●調理法の工夫で、噛みやすく、飲み込みやすく

噛む力・飲み込む力が弱ってきたら？

「食べやすいもの」と聞いて、みなさんはどんな食べものを思い浮かべるでしょうか。健康なときは何の不都合も感じないでしょうが、例えば歯茎が腫れて噛むと痛みを感じるという場合、豆腐などあまり噛む力を必要としないやわらかいものでお腹を満たそうとしませんか？

つまり、「食べやすい食事」とは、自分の身体の動き（この場合は弱い力でしか噛めないという動き）と食べものの性質（やわらかく、少しの力で噛み砕ける）が合った状態を指すのです。

加齢や病気の影響により噛んだり飲み込んだりする力が弱ってくると、その人にとって**食べやすい食事かどうかは「安全性」の問題に直結**します。

一般的に「噛みやすい食べもの」とは、壊れやすくて噛み切りやすいもの、「飲み込みやすい食べもの」とは、ある程度しっとりとしてまとまりがあり、滑りがよいものです。手を加えなくてもよい食材ならそのまま、それ以外は調理によって、あらかじめ「噛みやすい」「飲み込みやすい」形状に近づけておきます。

具体的にいうと、やわらかくしたいなら食材の加熱時間を長めにする、噛み切りやすくするには食材に隠し包丁をしたり、繊維の強い部分を使わないようにする、まとまりを持たせて滑りをよくするには、あんかけやマヨネーズを利用するなどです。

「食べやすいもの」とは?

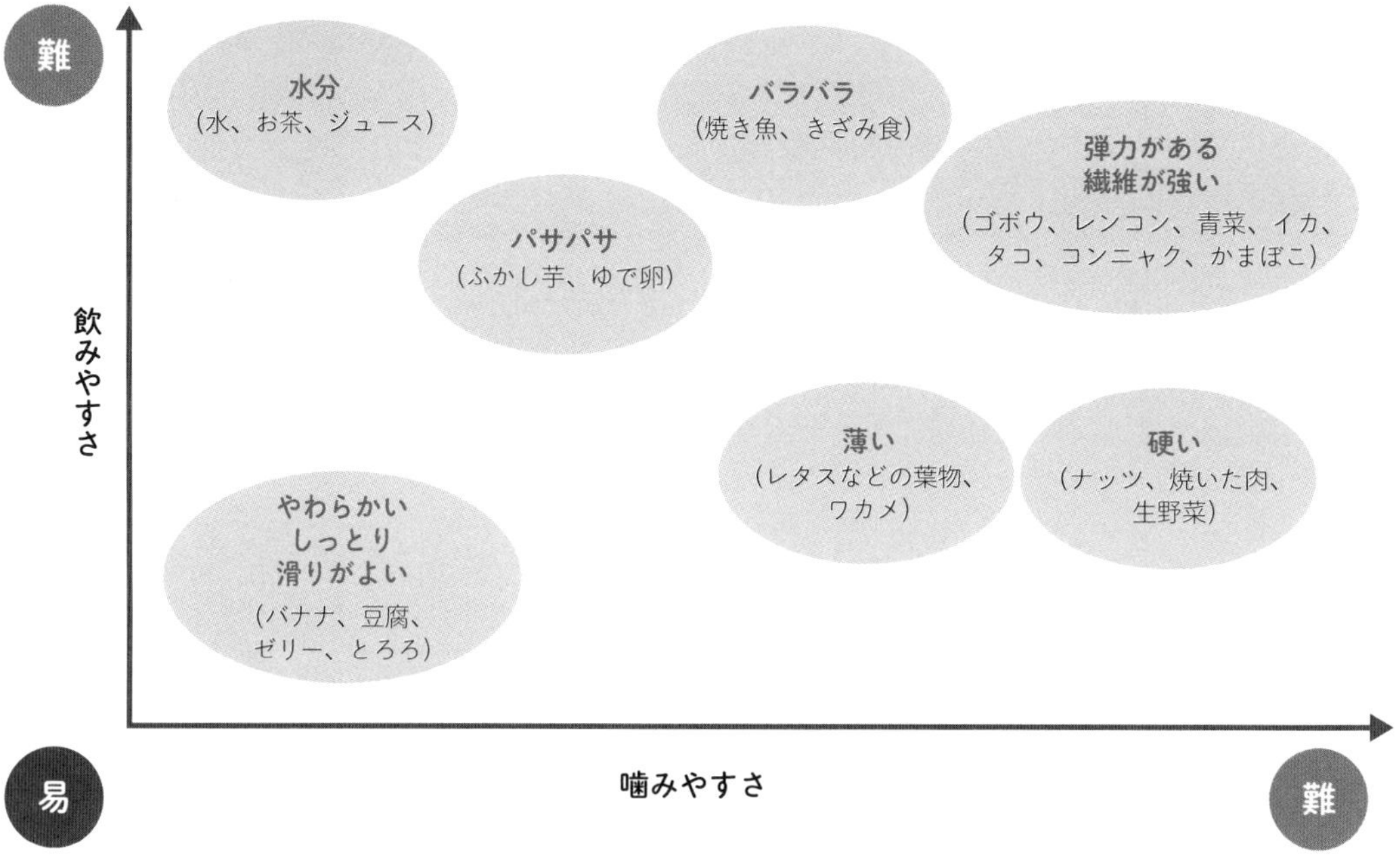

噛みにくさ・飲みにくさの難易度を下げる工夫

水分	少しとろみをつける
パサパサ	煮物にする、マヨネーズを使うなどで、水分や油分を加える
バラバラ	あんかけや大根おろしなどで、まとまりやすくする
弾力がある 繊維が強い	隠し包丁で噛みやすくする 場合によってはその食材を使わない
薄い	レタスなどは千切りにしてかさを出す 海苔やワカメは注意して食べる（場合によっては使用しない）
硬い	長く加熱する 肉は細切りにしたり、ひき肉を使用する（そぼろ状など細かくするのはNG）

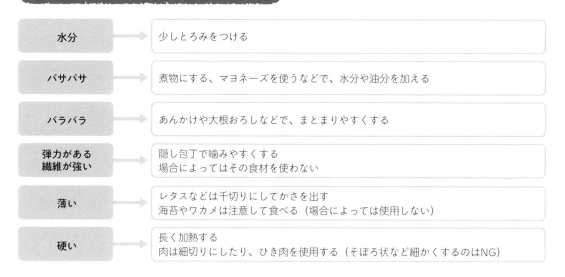

本人に合った食事かどうかをチェック

食事中、口に入れたおかずをいつまでも噛んでいたり、飲み込む際にむせたりしていないでしょうか？　また、食事の後半になるとむせることが増える、ゴックンと飲み込んだのに口の中に食べものが残っている、といったことはないでしょうか？　もしかすると**身体の動きと食べものの性質が合っていない**のかもしれません。

「食事が合っていないのかも……」と思ったら、まずは食べにくく感じているかどうか、本人に聞いてみましょう。とはいえ、聞いても「別に食べにくくないよ」と返事をされるかもしれません（よくある光景です）。また、本人にもよくわからず、答えられない場合もあります。その場合は、周囲にいる人が本人の状況を見て、探偵のように推理していくしかありません（第2章を参照）。

「食べやすい」は飽きやすい？

食べやすい食事として、おかずをミキサーにかけたり、ゼリーで固めたりすることもあります。硬さや弾力性など、食べものの物理的な性質から考えれば、これらは「食べやすいもの」です。

しかし、ミキサーでペースト状にしたり、ゼリーで滑りをよくした食事には、食感が均一になりやすいという側面もあります。そして、私たちは味だけでなく、硬い、粘っこいなどの様々な「食感」によっても美味しさを感じています。**はじめは食感が均一な食事を「食べやすい」「美味しい」と感じていても、それが続くと「美味しいもの」ではなくなってくる**場合があるのです。

安全に食べやすいものを食べることは、もちろん大切です。その一方で、食べる楽しみもぜひ残したいところ。例えば、やや食べにくいかもしれないが、本人が「美味しそうだ」「食べたい」と感じるものを、おかず2品のうち1品取り入れることは、食への満足感を高めてくれるでしょう。

酸っぱい・辛いといった刺激のある味付けも食べやすさに影響します。刺激でむせるようなら、必要最低限の使用にとどめたほうがいいでしょう。

高齢期の食事

4 人間がものを食べる動作から「食べやすさ」を考えてみよう

- 「食べる」動作は、複雑な動きの連携
- 細かくきざめば食べやすくなるわけでもない

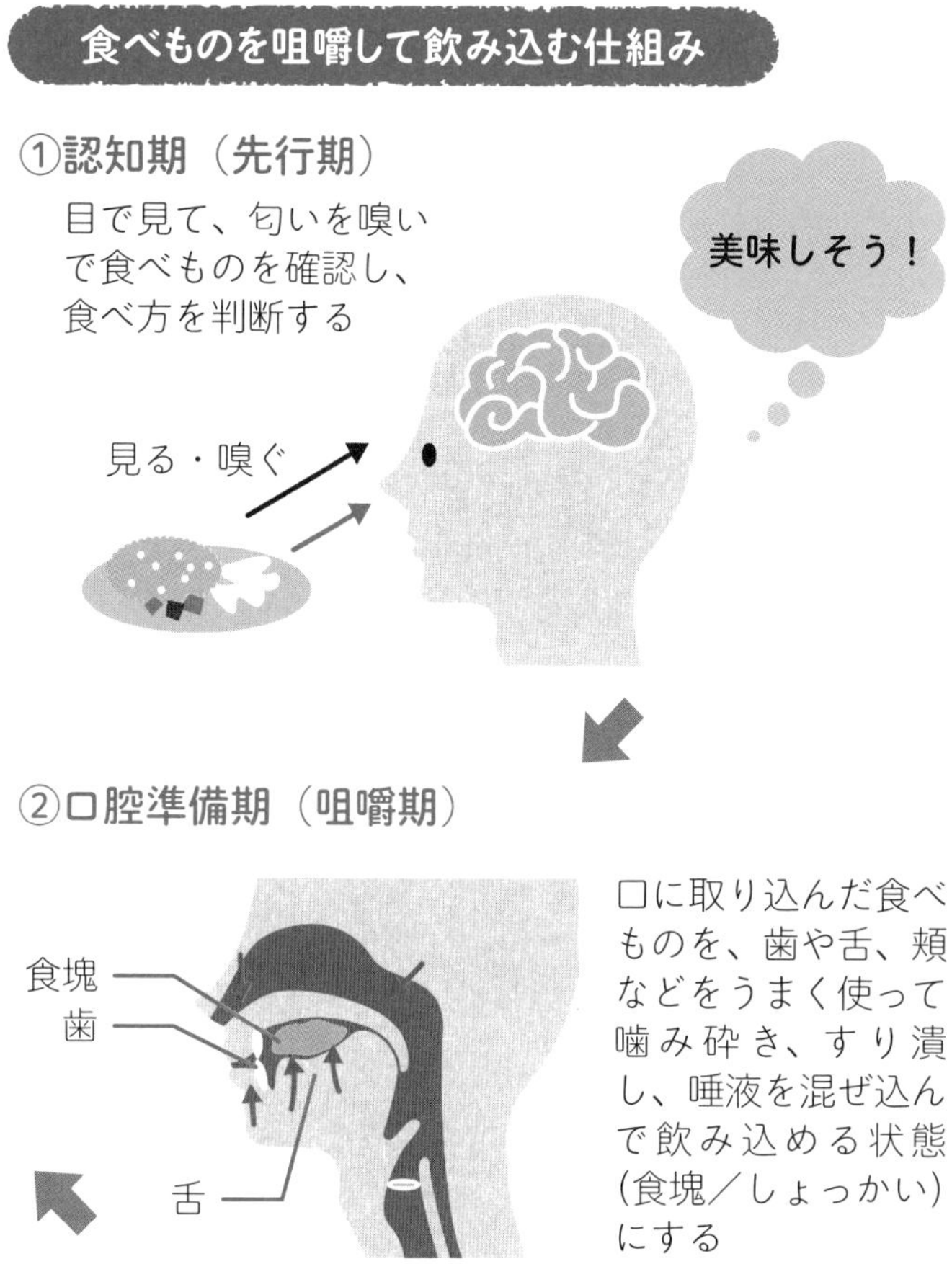

食べものを咀嚼して飲み込む仕組み
①認知期（先行期）
目で見て、匂いを嗅いで食べものを確認し、食べ方を判断する
美味しそう！
見る・嗅ぐ
②口腔準備期（咀嚼期）
食塊
歯
舌
口に取り込んだ食べものを、歯や舌、頬などをうまく使って噛み砕き、すり潰し、唾液を混ぜ込んで飲み込める状態(食塊／しょっかい)にする

「食べる」動作は協調運動の賜物！

そもそも、私たちが毎日何気なく行っている「食べる」という動作について、じっくり考えたことはあるでしょうか。

例えば、アツアツのご飯をお茶碗によそい、梅干しを1つのせていただくとしましょう。ちょうどいい一口量を箸ですくい、口に運びます。しっかり噛んでいると、口の中でご飯と梅干しが砕かれ、すり潰され、同時に唾液も加わ

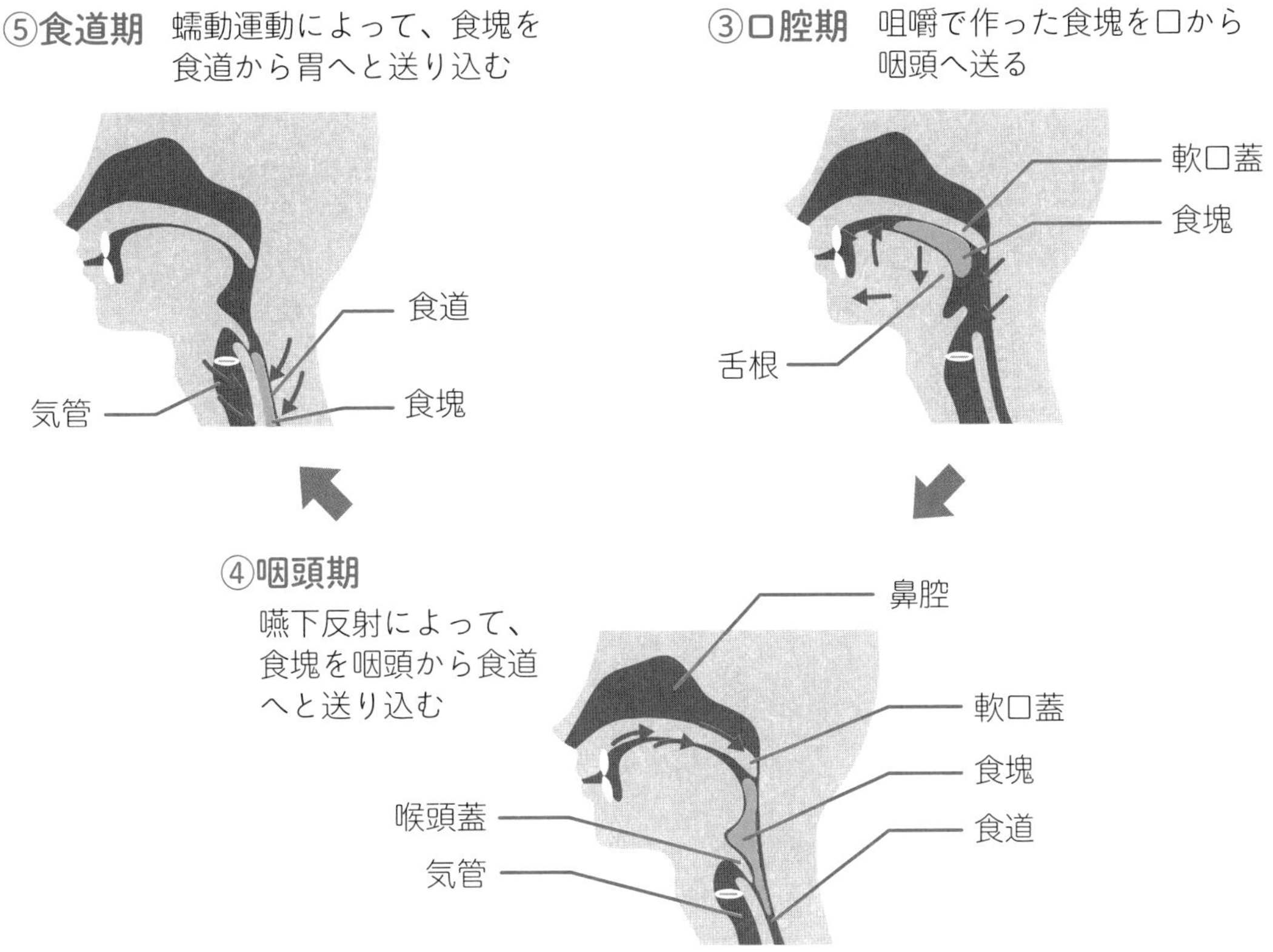
③口腔期　咀嚼で作った食塊を口から咽頭へ送る
軟口蓋
食塊
舌根
④咽頭期
嚥下反射によって、食塊を咽頭から食道へと送り込む
鼻腔
軟口蓋
食塊
食道
喉頭蓋
気管
⑤食道期　蠕動運動によって、食塊を食道から胃へと送り込む
食道
気管
食塊

り、お米の甘みや梅干しの酸っぱさがうまく混ざり合って「美味しい！」と感じます。そして、食べものが「飲み込める状態」になったことを身体が感知すると、舌の動きによって喉まで送られ、嚥下反射によってゴックンと飲み込みます。

　私たちにとって当たり前ともいえるこの一連の動作には、**人間の五感がフル活用**されています。脳からの指令を受けて、ドミノ倒しのように**絶妙なタイミングと順番で様々なフタや出入り口が開いたり閉じたり**して、口に入った食べものは喉を通って胃までスムーズに送られるのです。この連携が１箇所でもズレると、「食べる」という動作に不具合が起きてしまいます。

「食べにくそうだから細かく切る」は間違い！

在宅介護をされている方に自宅での食事についてうかがうと、「食べにくそうだから、食材を細かく切っています」という話を本当によく聞きます。おそらく、「食べにくい→歯が悪い→噛めない→あらかじめ小さくしておけば噛まなくても大丈夫」というイメージが根強くあり、小さくきざんで出す人が多いのでしょう。

しかし、「梅干しご飯」の話を思い出してください。「噛む」ことは、**食べものを小さく噛み砕き、すり潰しながら唾液と混ぜ込むという動作を同時に行い**、飲み込みやすい形状に変えることです。食材を小さく切って提供した食事というのは、そのうちの「噛み砕く」という**作業の一部分を代用しているにすぎません。**

きざみ食は、中途半端な状態の食べものを口の中に入れ、噛む動作の一連の流れを遮ることにもなります。おまけに、バラバラになりやすいので、口の中で処理するのがかえって大変だったりします。

「食べにくそうだな」と感じた場合に**注目すべきなのは、食材の大きさではなく硬さ**なのです。

かつて咀嚼の研究で、とある農村地域で調査を行いました。元気な高齢者にいろいろな野菜を食べてもらって「食べやすいと感じる理由」を聞いたのですが、歯の本数が少なくて、総入れ歯のように大きな入れ歯をしているグループの回答のほとんどが「やわらかいから」というものでした。食べものの大きさもある程度影響するのではないかと予想していましたが、大きさに言及する回答はほとんどなし。食べやすさは「大きさ」よりも「やわらかさ」であることを示す結果でした。

ケアの考え方

5 食事作りもお口のケアも、ポイントを押さえた脱力系で

- 「食事の時間」も「歯磨きの時間」も毎日のこと
- 理屈を知って、手を抜くことを考えよう

ご飯を食べる、トイレで排泄する、洗顔や歯磨きをして清潔にする――どれも、私たちにとって通常の営みで、そのタイミングが来たらやらなければなりません。介護とは、こうした営みを介護者が手伝うことです。

食事もトイレも、洗顔も歯磨きも、自分のことならさほど気になりませんが、「誰かのため」となると様子が変わってきます。「時間がなくてできなかった」「せっかく作ったのに、全然食べない」など、介護者の中に焦りや不安が生まれます。

そもそも、焦りや不安は、自分の思う通りにならないときに生まれる感情。そのハードルが高いほど、乗り越えるのは大変になりますから、不安や焦りも生じやすくなります。それなら思い切って、**「やらなきゃならない」ハードルを下げてみませんか？**

家族介護の全般にいえることですが、ケアは突き詰めるときりがありません。食事も口腔ケアも、やろうと思えばいくらでも手厚くできます。でも、それでは介護者が疲弊して、追い込まれてしまうでしょう。

「手抜き＝サボり」にあらず

ハードルを下げるというのは、単なる手抜きや、サボることではありません。**正しい知識を持って、効率よく行う**ということです。

例えば食事でも、嚥下食や介護食など特別に加工したものが必要な場合は、毎日作るのは大変です。市販食品や冷凍食品を利用する、バナナやアボカドなど、皮を

夜間の細菌数の増加

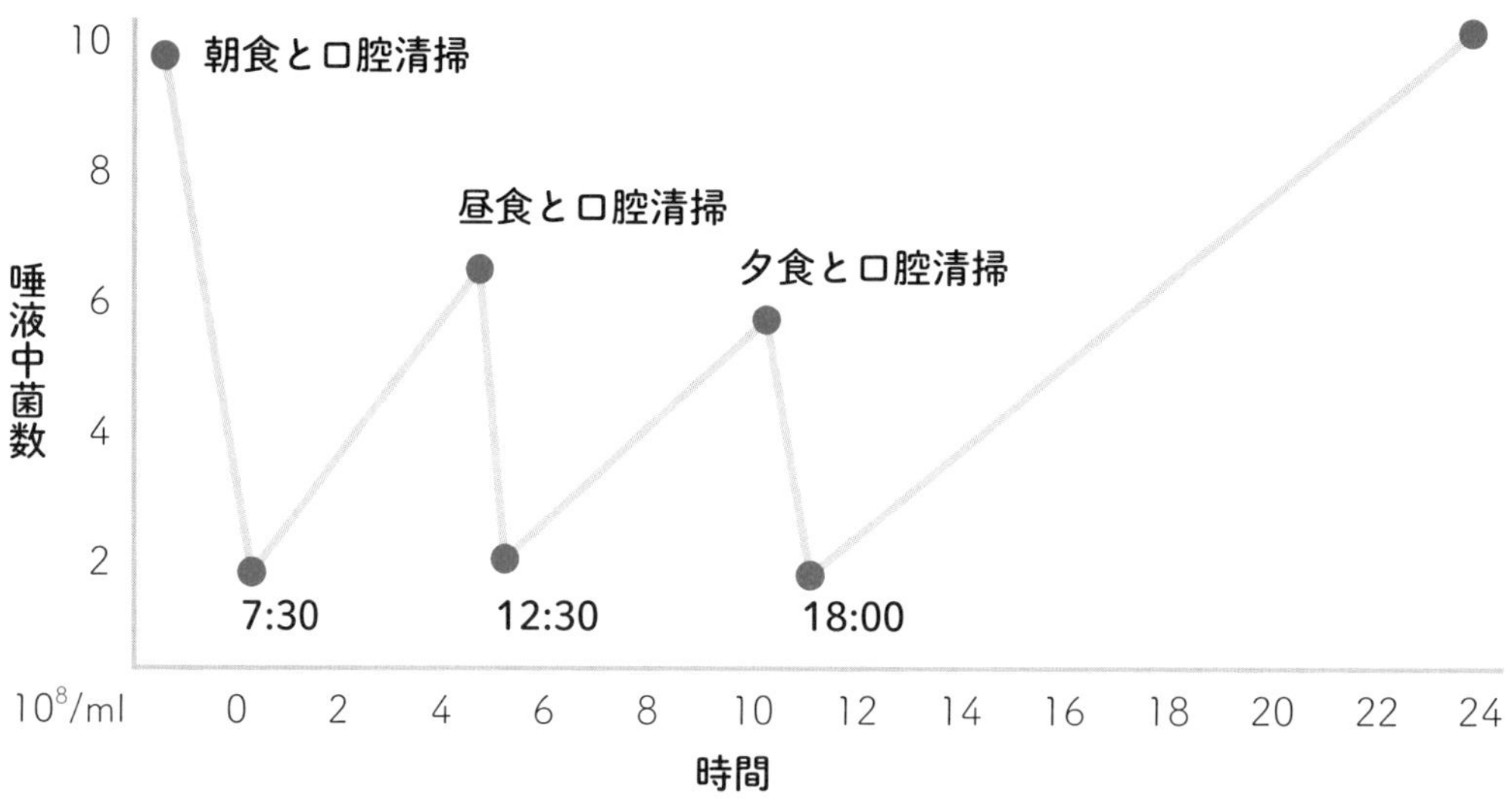

朝食と口腔清掃
昼食と口腔清掃
夕食と口腔清掃
7:30
12:30
18:00
唾液中菌数
10
8
6
4
2
10⁸/ml
0 2 4 6 8 10 12 14 16 18 20 22 24
時間

出典：奥田克爾「高齢者の静かなる暗殺者：口腔内バイオフィルムとの戦い」老年歯学医学 24巻2号、2009年

1日3回ケアを行うことが理想ですが、それが無理なら1日のうちのどこかのタイミングでケアをしましょう。寝る前には必ずケアを行うのがおすすめです。

むけば食べられるものを常備しておく、一度にたくさんの料理を作って冷凍しておくなど、日々の食事の支度を楽にする工夫はいろいろあります。

たとえ1回の食事の栄養バランスが悪くなったとしても、**3日間くらいをトータルして、大体の栄養がとれていれば大丈夫**です。

デイサービスなど家の外で食べる機会があるなら、そこで介護に慣れたスタッフが栄養バランスに富んだ美味しい食事を用意し、必要があれば介助して食べさせてくれます。「自宅でちょっと栄養が偏っていても、あそこで食べるから大丈夫！」と思えば気持ちが少し楽になりませんか？

ポイントを押さえて日々の負担減

お口のケアについては、1日3

「理想のケア」より「現実的なケア」を

レトルトや
バナナなど
ホワイト
シチュー
デイサービスの食事
夜の口腔ケア

回実施して常に清潔にしておくというのが理想です。しかし、実際にそれを行うのは、介護度が高いほど大変でしょう。

お口のケアをする目的は、**口の中の細菌数を減らして様々な病気になるのを防ぐ**こと、**口の中を刺激して動きをよくしたり、サッパリさせる**ことです。そして、これまでの研究により、口の中の細菌数は夜間にグッと増えることがわかっています。ということは、1日3回は無理でも「夜は絶対に口のケアをする」と決めて実行すれば、その目的を果たすことができます。

可能であれば訪問歯科を利用し、数週間に1回でも専門的な口腔ケアや、口の中の点検を行ってもらうと、より安心です。ハウスクリーニング業者に年末の大掃除を頼むと、特別な機械や洗剤を使って家の中をピカピカにしてくれて、日々の掃除はそれを維持するだけでよくなるといった話を聞きますが、口の中も同じです。

口の専門家に定期的にキレイにしてもらい、日常はそれを維持するように口のケアをすればいいとなれば、介護者の負担も少し減るのではないでしょうか。

「食べやすくした食事を作らなくては。でも、時間がない……」「食後の歯磨きは大事だけど、大変だし億劫だな……」そのように思うのは当然です。そして、時間や気持ちに余裕がないときに他の人やサービスに頼ることは、まったく悪いことではありません。

「絶対にやらなければ」から「このポイントだけ押さえておけば大丈夫」に思考を切り替え、いい意味での脱力系を試してみませんか？

COLUMN

食感のバリエーションも美味しさの1つ

誤嚥性肺炎で入院し、しばらく禁食で何も食べられなかった患者さん。身体が回復してきて、少しずつ口から食べ始めることになり、まずはゼリーからスタートしました。一口食べた次の瞬間、「いやー美味しい！　こんなに美味しいなんて！」と大喜び。ご家族もホッとされていました。

しかし、その後は食べる力がなかなか戻らず、ゼリー形態以外のものはどうしても食べるのが難しい状況でした。ゼリー食のまま1週間、2週間と経ったころ、ご本人が「もう喉を通りません」「薬だ、練習だ、と思って食べようとしているんですが……」と訴えてきました。その後、ゼリー形態のものをベースに、温泉卵など少しでも食べられるものを探し、なんとか退院されました。

こうしたケースは珍しいことではありません。ゼリー食やペースト食など均一の形態を召し上がっている患者さんからはよく聞かれる言葉です。そのたびに、美味しさを感じながら食べられるのは、様々な食感があってこそなのだと実感します。

第2章

食事中のこんな「困った」ありませんか?

食事中の困り事

1 「せっかく作った食事なのに、食べてくれません」

● まずは「食べない原因」を探ってみよう
● 原因によって対策は変わる

在宅介護をされている家族の方と話をしていると、「このところ、母親の食べる量が減ってきていて……」や「おじいちゃんが、なぜか食べないのですが、どうしたらいいですか？」など、高齢者の食欲不振に関する相談をよく受けます。

私はまず、「なぜ食べたくないのかを本人に聞いてみましょう」とアドバイスするのですが、本人からハッキリした答えが得られない場合もあります。そんなときは、次のような理由に当てはまっていないか、確認してみてください。

【理由1】
入れ歯が合わない、口の中に痛いところがある

うまく噛めない、口内炎や入れ歯の金具による傷があって、触ると痛い、水分がしみる……そうしたことがあると、食事もままなりません。本人に「どこか痛いところがあるの？」と聞いても答えがない場合は、口の中を見せてもらいましょう。

特に介護度が高い人の場合は、日ごろから**口の中を見る習慣**があるといいですね。そのためには、食事の「前」にお口のケアをすることも有用です。「食べたら磨く」という印象があると思いますが、**清潔な状態の口で食べることが、味をよく感じ、誤嚥性肺炎を予防することにつながります**。自分でケアができる人には食後の歯磨きを促し、介助が必要な人には「これから食事をしますよ」という声かけとともに、口の中を掃除しながら点検し、唾液をしっかり出し

食べない理由とは?

入れ歯が合わない、口の中が痛い

便秘気味でお腹が張っている

ちなみに、味は食べものが唾液に溶けて主に舌にある味蕾《みらい》細胞に届いて、はじめて感じるものです。ですから、口の中に唾液が出ていて、舌がキレイな状態のほうが味もしっかりわかりますよ。

てもらってから食事をするのが理想です。

【理由2】便秘気味でお腹が張っている

本人にとってよいペースで排便があるでしょうか？　便秘で身体の出口（お尻）から出るべきものが出ていないのに、入口（口）からどんどん食べものを入れようとしても、詰まるだけで食欲はわきません。特に、運動不足だったり、水分や食物繊維が少なかったりすると腸の動きも低下します。便秘が続くと嘔吐することもあり、これを誤嚥して誤嚥性肺炎となるリスクも高まります。

　排便はしっかりチェックし、便秘が続くようなら訪問医や訪問看護師に相談して排便コントロールをしましょう。

【理由3】食べるとすぐにむせてつらいから、食べたくない

みなさんも、何かの拍子にひどくむせてつらかった経験があるでしょう。ある研究では、一口量の10%を誤嚥し、かつ激しくせき込んだ患者は、その後、その食べものを食べたがらなくなるという報告があります。むせることの多い状況は疲れやつらさを感じるので、身体が危険を察知して食べることに消極的になっているのかもしれません。

むせる頻度はどうでしょうか？1回の食事で1回むせるくらいなら、身体の防御反応がしっかり働いている（咳反射）証拠と考えてよいでしょう。しかし、**頻繁にむせる、特定の食べものでむせるなどの場合は、食事内容や食べると**

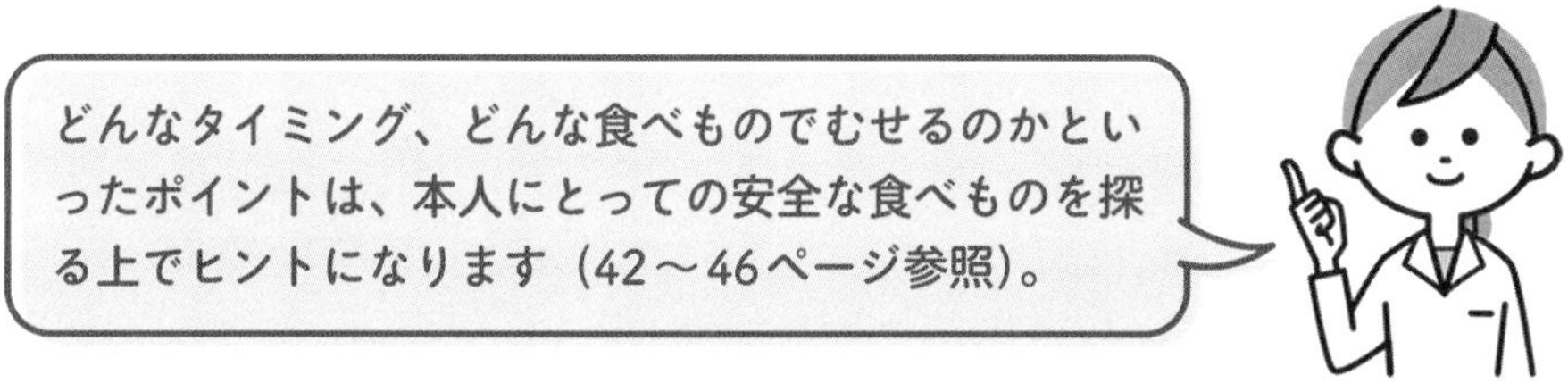
どんなタイミング、どんな食べものでむせるのかといったポイントは、本人にとっての安全な食べものを探る上でヒントになります（42～46ページ参照）。

むせるから食べたくない
case3
ゲホッ
ゲホッ
眠くて食べられない
case4
ZZZ...
ZZZ...
そうだったの！

きの姿勢、しっかり目が覚めているかなどを確認しましょう。

【理由4】眠くて食べられない

食欲よりも眠気が勝って食べない場合もあります。生活のリズムが朝晩逆になっていないでしょうか？　また、体調がすぐれないと目覚めが悪くなったり、加齢に伴うサーカディアンリズム（本来生物に備わっている体内時計）の変化で、朝早く目が覚めて夕方に眠くなるといったケースもあります。

朝の光をしっかり浴びることと、食事で時間を身体に知らせることは身体のリズムを整えます。**朝はカーテンを開け、少量でもかまわないので何か食べる**ようにして、朝のスイッチを入れましょう。

また、不眠を改善するための薬を飲んでいたりすると、その影響で朝しっかりと起きられないこともあります。日中に起きていられない様子が見られたら、訪問医や訪問看護師に薬の影響についても聞いてみましょう。

なお、しっかりと目覚めていない状態での食事は、咀嚼や飲み込みがうまくいかず危険を伴います。うとうとしている、眠そうだなというときは食事を見送り、後で再挑戦するようにしてください。

【理由5】脱水症を起こしていて元気がない

食べたり飲んだりする量が少なくなると、知らず知らずのうちに脱水症を起こしてしまうことがあります。そうすると、ますます元気がなくなり食べる量が減ってしまいます。「日中も寝てばかりいる」「ぼーっとしている」「何となくいつもと様子が違う」といったことがあれば、本人が**摂取した水分量だけではなく、しっかり尿が出ているか、トイレに行く回数が減っていないかもチェック**しましょう。

口の中に食べものを入れたことが刺激になって目が覚め、食事ができるケースもあります。食事介助をしている場合は、はじめに一口、二口ほど口の中に入れてみて、本人の様子を見てみるのもよいでしょう。刺激で目が覚めたらそのまま食事を続け、それでも眠そうな場合は食事を見送ってください（食事をやめる際は口の中に食べものが残っていないか必ず確認）。

食べない理由別、チェックポイント

①入れ歯の不具合、口の中が痛い

- [ ] 口内炎ができていないか？
- [ ] 食べたり飲んだりするときに、口の中が痛そうだったり、顔をしかめる様子はないか？
- [ ] 歯や顎などに痛みがあり、恐る恐る噛んでいる様子はないか？

②便秘でお腹が張っている

- [ ] 今朝はお通じがあったか？
- [ ] 最近、運動量や外出の機会が減っていないか？
- [ ] 最近の食事内容は？　水分や食物繊維はとれているか？

③食べるとむせて苦しい

- [ ] むせる頻度は？
- [ ] どんなものを飲食した際にむせるか？
- [ ] 食べているときの姿勢は？

④眠くて食べたくない

- [ ] 夜はちゃんと寝ていたか？
- [ ] 日中もうとうとしていることが多いか？
- [ ] 眠気に服薬の影響はないか？

⑤脱水

- [ ] 喉の渇きを訴えていないか？
- [ ] いつもよりぼーっとしている様子はないか？
- [ ] 体温が上がっていないか？
- [ ] 唇がカサカサしていないか？

2 「認知症の影響で『食事』がなかなか進みません」

- 五感を刺激して「食事」に気づいてもらう
- 視覚情報の多い状況で食事が進まない場合も

「食べない」背景に認知症の影響も

認知症の症状は、脳の働きが低下したことで現れる記憶や判断力の障害（中核症状）と、幻覚などの精神症状や徘徊などの問題行動（周辺症状）に分けられます。

これらの症状によって、目の前に用意されたものが食べものであると認識できない、食具（箸やスプーン）の使い方がわからない、視覚からの情報が多すぎて処理できない、といったことが起こり得ます。

「食べない」背景に認知症の影響が考えられる場合によく行う対応が、①「味・香りによる刺激」と②「視覚情報のメリハリ」です。

①は、本人の五感（見た目、香り、味、舌触りや温度、音）をフル稼動させつつ、酢の物や練り梅など、酸っぱい食べものをまず口に入れて（必ず「お酢だから酸っぱいですよ」「梅干しですよ」など声かけしながら）、酸味の刺激と香りによって「食事だ！」と気づかせるスイッチを押すことです。

また、ペースト食など、見た目では何の食事かわからないために手が出ないという場合もあります。もし、飲み込みの調子が悪くなければ、②の視覚情報のメリハリで対応してみましょう。あえて普通食（本人が好きなものが望ましい）を少し出して、食欲が出るかどうかを見てみるのです。

視覚情報を減らして食事に集中

他にも、**あえて一皿ずつ提供す**

るという方法もあります。目の前にいくつもの皿が並ぶ視覚情報の多い状況では、脳の処理能力が追いつかない場合があります。あれこれ出さずに、食べてもらうものを絞ることで、低下した情報処理能力をサポートするのです。

　また、華やかでステキなランチマットやお皿の柄に注意が向いてしまい、気が散って食事が進まないこともあります。以前、病棟で白い茶碗にお粥を出していたのを、内側が黒い茶碗に変えたところ、残す量が減ったということもありました。おそらく、黒い茶碗と白いお粥で色のコントラストが明確になり、「お粥が残っていること」に気づきやすくなったためだと思います。このように、**視覚情報は食べる量を左右する**ことがあるのです。

見た目でメリハリをつける

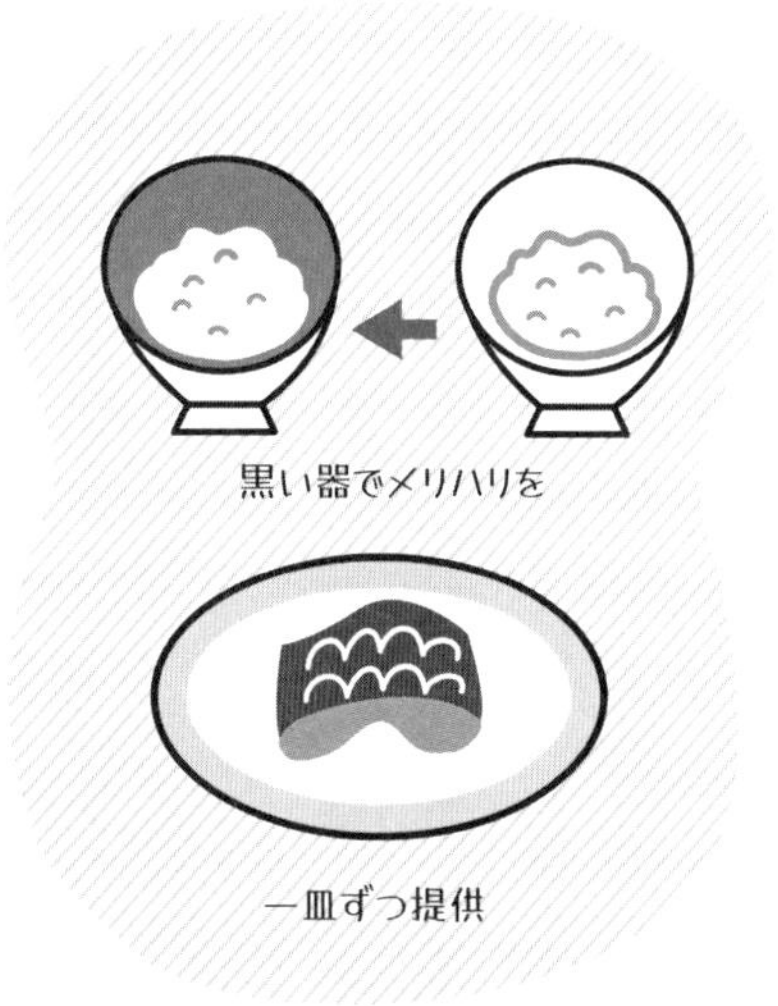

味・香りのメリハリをつける

「ご飯を食べる」という行為は、何十年も当たり前にしてきたことです。はじめの数口だけ、手添えの介助（箸やスプーンを持ってもらい、介助者が本人の手を持って動かし、自分で食べているように介助する）をすることで、「食べるスイッチ」が入り、食べ始めることもあります。

COLUMN

認知症の人の食事やケアの困り事は様々

「なかなか食べてくれない」「食べたのに『食べていない』と言う」「スプーンを使わずに手づかみする」……認知症介護をされているご家族の食事場面の困り事は様々です。私も病院で食事が進まない患者さんの病室にうかがうことがありますが、満面の笑みで迎えてくれる方もいれば、「食事を取り上げに来たのか？」とにらまれ、パンチされそうになったことも。

怒って手が出る人、無反応の人、口腔ケアを嫌がる人など、専門職でも苦慮するケースはありますが、私は「お元気なときは、どんな方だったのかな」とよく考えます。怒りやすくなったり、周囲のことが目に入らなくなったりしているのは認知症の影響で、目の前の姿が本来の姿ではないだろうと思うからです。

私たちが患者さんと接するのは主に診療のときで、日々介護されているご家族は気持ちの切り替えも簡単ではないでしょう。ですが、困惑するような言動も、その理由がわかれば対応を考えられます。「こんなことを聞いても……」と思うことも、一度、専門職に相談してみていただければと思います。

食事中の困り事

3 「食べものを口元に持っていっても、口を開けてくれません」

●「お腹がすいていない」「口の中が痛い」など、理由を探る
●少し口に入れたら「食事スイッチ」が入る場合も

これも「食事介助あるある」の1つで、介護者から相談されることが多い悩みです。認知面が原因となっている場合も少なくありません。

口を開けてくれない原因は？

食事よりもトイレに行きたいのか？　目の前に出されたものが「食べものである」と認識していないのか？　はたまた、口の中や唇に痛みがあって、口を開けられないのかもしれません。まずは、次のことを確認してみましょう。

①自らの意思で口を開けないのか？

②「口を開けて」という言葉の意味がわからず開けないのか？

③本当は口を開けたいのに開けられないのか？

①の場合、「まだ、お腹がすいていない？」のように聞いてみると、「食欲がない」「食事よりも他にしたいことがある」など本人がその理由を教えてくれるかもしれません。「今は食べたくない」という意思が感じられるときは、**時間をあけて再チャレンジ**してみましょう。

認知面に原因があると、②のようにこちらの声かけの意味が伝わらず、口を開けてもらえない場合があります。そんなときは、ほんの少し無理をして本人の口を開け、舌の上に少しだけ食べものを入れてみます。それにより食事のスイッチが入って、食べ始めることがあります。

その際に注意してほしいのは、**汁物など水分の多いものを避ける**こと。水分が多いと、口に入れた

際にむせてしまう可能性があるからです。

　本人に問いかけても答えが得られない、口を開けてくれない理由がわからない場合に、このスイッチ作戦はわりと有効です。この作戦でも「断固拒否！」となったら、**思い切ってその回の食事をあきらめる**のも方法の1つです。

　そして③は、顎が外れていて、自分の意思で動かせないといったケースです。通院できる人は受診し、通院できない人は訪問医や訪問歯科医師に診てもらいましょう。

食の楽しみを維持する工夫も

　また、本人の状況によっては普通食をとるのが難しく、ミキサーにかけた食事などで、食べることへの楽しみや関心が低下している場合もあるでしょう。たとえ本人の気持ちに寄り添う意図があったとしても、「こんなどろどろの食事で嫌よね」「仕方ないよね」といったネガティブな発言は、なるべく避けてください。食事のイメージはとっても大切。「今日は特別に食べやすく作ってきたから味見してみて」「美味しそうなスープね」など**食べたくなるような声かけ**にしましょう。

口を開けてくれないときの声かけの例

- まだ、お腹すいていないかな？
- ○○の季節ですね、一口いかがですか？
- 今日のお粥、美味しく炊けているか味見してみて！
- いい香りだから、私もお腹がすいてきちゃった！
- 味付けを工夫してみたんだけど、感想を聞かせて？

「最近食べる量が減ってきて……」と相談に来た患者さんをよく診察したら、実は顎が外れていたということがありました。特に寝たきりの人や、認知症でなかなか意思表示ができない高齢者の場合、いつのまにか顎が外れてしまっているという症例はよくあります。周囲の家族も気づかないまま放置されて、もう顎をもとに戻せない……というケースもありました。

食事中の困り事

4 「口に入れてから飲み込むまでに時間がかかります」

- 舌を刺激して、飲み込むスイッチを入れる
- 食事を中断する場合は必ず口の中を空にする

口の中に溜め込んで、一向に飲み込まない

食事介助をしていて、「口はしっかり開けてくれるけど、そこから先が進まない……」「無理に口の中に食べものを入れたけど、飲み込んでくれないから二口目に進めない……」ということもよくあります。

そのようなときは、まずは**食べものが何ものっていないスプーンで舌の上をギュッと押して**、「口の中に何かありますよ!」というサインを送ってみましょう。器から食べものをすくって口に入れる「ふり」をして（実際には何ものっていないスプーンで）、本人に「一口食べた気分」になってもらうのです。その後、次の一口量をすくって（今度は本当に食べものをのせる）本人の目の前に持っていき、見てもらうと、ちゃんと飲み込んでくれることがあります。

また、口に入れる量が少なすぎて、「口の中に食べものがある」と認識できないというケースも考えられます。様子を見ながら、少しだけ食べものを追加して入れてみると、飲み込んでくれることがあります。

刺激で「食べる」スイッチオン

他にも**「食べる」スイッチを入れる方法**として、次のようなものがあります。

・梅干しや酢の物など刺激のある食べものを入れてみる
・ザラザラした食感の食べもの、噛む必要のあるような食べもの

「食べる」スイッチを入れる方法

次の一口が目に入ると、口の中にあるものを飲み込んで、その次を食べようとする動作はよく見られます。口に入れたまま飲み込まれないときに、試してみてください。

を入れてみる

・アイスクリームなど冷たいもので刺激してみる

・一口の量を多めにしてみる

これらを試しても、まったく飲み込まないようであれば、一旦、口の中のものをすべて掻き出して空にします。食べることを中断して、少したってから再トライするか、お腹がすいていない様子ならその回はスキップして、おやつの時間や次の食事のときに食べてもらいましょう。

また、食事介助を中断してその場を離れるときは、**必ず本人の口の中が空になっていることを確認**してください。口の中に食べものが残ったままだと、窒息事故や誤嚥の原因となります。

5 「食事中によくむせてしまいます」

- **何によってむせているのかを確認する**
- **むせたら治まるのを待つ。水を飲ませるのはNG**

食事中によくむせるということは、「身体の動き」と「食べものの性質」が合っていないのかもしれません。

第1章でお話ししたように、たった一口を食べるだけでも、いくつもの仕組みがドミノ倒しのように順序よく動く必要があります。その途中のどこかに不具合が起きれば、スムーズに飲み込めなくなります。

よくむせるという場合は、次の3つをチェックしてみましょう。

①水（水分の多いもの）でむせていないか？
②何を食べてもむせてしまうのか？
③食事の後半のほうがむせる回数が多いか？

①水でむせる場合

水の流れる速さに、身体の反応が追いついていないことが考えられます。

どんな姿勢で水を飲んでいたでしょうか？　ベッドに寝たままや、顎が上がった姿勢で水を飲むと、口→肺への通路が一直線に開かれるため、むせやすくなります（68〜69ページ参照）。

喉が渇いて、ゴクゴクと一気に飲んでいませんでしたか？　あるいは、吸い飲みを使って口の中に水がジャーッと入っていきませんでしたか？　滝のように流れてくる水に対して、飲み込む動作が追いつかず、喉であふれかえってむせたかもしれません。

特に**吸い飲みは、本人が「吸って」飲むならいいですが、介助者が口の中に流し込むようにすると**

水でむせる場合の原因と対策

・寝た姿勢で飲んだ ・顎が上がった状態で飲んだ	むせたり誤嚥したりしやすい危険な姿勢になっている	・椅子にまっすぐ座って、うつむいた状態で飲むようにする ・ベッド上なら30度以上の傾斜をつけて、顎を引くようにする
・一気に飲んだらむせた	飲み込む動きが、水の速さに追いついていない	・一口ずつ飲むようにする
・一口目でむせた ・一口ずつ飲んだのにむせた	水の量が少なくても、飲み込むタイミングを合わせられない	・とろみをつけて飲むようにする

飲み込む能力に合わせて、水が流れ込むスピードをコントロールすると、むせにくくなります。

水の入る量やスピードがわからず、むせやすい道具です。注意して使用してください。

水や水分の多い食事でむせる場合は、まず**姿勢に注意**しましょう。椅子にまっすぐ座って飲むか、ベッド上でも少なくとも30度以上傾斜させます。そのとき、顎をやや引くようにします。また、コップで一口ずつ、あるいはスプーンなどで一さじずつ飲んでみましょう。吸う力がある人なら、ストローも有効です。水のスピードを、ある程度自分でコントロールできます。

それでもむせるようなら、飲みものに薄いとろみをつけてみましょう。

②何を食べてもむせる場合

食事形態を見てみましょう。例えば、きざみ食、五分粥、お茶漬

誤嚥しやすく、むせやすい食品とは?

性質	代表的な食品
かけらが出るもの 粉っぽいもの	せんべい、カリカリに焼けたパン、クラッカー
水分	水、お茶、コーヒー
繊維状のもの	ごぼう、もやし、小松菜、たけのこ
ホクホクしたもの スポンジ状のもの	カステラ、食パン、焼き芋
弾力のある練り製品	かまぼこ、ちくわ
酸っぱいもの	オレンジジュース、梅干、トロロ昆布
水分＋固形 粉＋固形	三分～五分粥、ラーメン、高野豆腐
口蓋や粘膜に付着しやすいもの	海苔、ワカメ、ウエハース、キュウリ（薄切り）

もやしやたけのこなど噛み切りにくいものや、カステラや焼き芋など唾液を含むとひとかたまりになってしまうものは、誤嚥やむせとともに、窒息にも注意が必要です。

け、高野豆腐、炒り卵、スイカ……口に入れて噛んだときに**水分と固形が分離したり、バラバラになるようなものは、とてもむせやすい**です。麺類やお粥などすすって食べるものも、吸い込むときに喉まで一気に水分が飛んでいきますし、酸っぱいものや辛いものも、その刺激でむせやすくなります。

　水を飲むときと同じく、まずは食べているときの姿勢を確認して、むせにくい姿勢で食事をとるようにしましょう。それと同時に、食事形態も確認します。上記のようなむせやすいものを提供していたら、それは避けて、まとまりやすくてしっとりしているものを提供してみましょう。

食事の後半でむせる場合の原因と対策

・食事に1時間以上かかる ・体力が低下し、疲れやすい、呼吸が苦しい	→ 30分以上たつと満腹感や疲労感が出てくる。疲れていると食べる力が落ちる	→ ・体調によっては食事を短時間で切り上げる ・1回の食事量を減らし、回数を増やす
・体調はよく、疲れもないがむせる ・喉がゴロゴロしている(痰がからんでいるような話し声)	→ 飲み込む力が低下し、食べたものを食道まで送り込めていない	→ ・何度か飲み込んでもらう（複数回嚥下） ・食事中に何度かゼリーを食べてもらう（交互嚥下）

本人がむせたときに「お茶や水を飲ませなければ！」と慌てる人もいらっしゃいますが、まずはむせるのが治まるのを待ちましょう。少し落ち着いて、本人が水分を欲しがるようなら、一口ずつ、またはスプーンで一さじずつ、ゆっくり飲んでもらってください。「喉に詰まったものをお茶で流し込んで……」というイメージは、要介護者の状態によっては危険を伴います。

③食事の後半になると むせる場合

食べ始めはスムーズなのに、食事の後半になるとむせることが増える場合は、**飲み込みきれなかった食べものが喉に少しずつ溜まっている**のかもしれません。

食事には何分くらいかかっているでしょうか？　一般的に、食事を始めて30分以上たつと、お腹がいっぱいになってきて、疲れも出てきます。疲れている様子はないが、食事の後半になるとむせるという人は、ゼリーによる交互嚥下（食事中に何度かゼリーを食べてもらって、喉の掃除をしながら食べる方法）や複数回嚥下（何度か飲み込んでもらう方法）という食べ方で、喉に残った食塊を食道へ送り込みます。

噛む力が低下した場合の食べ方のコツ

複数回嚥下

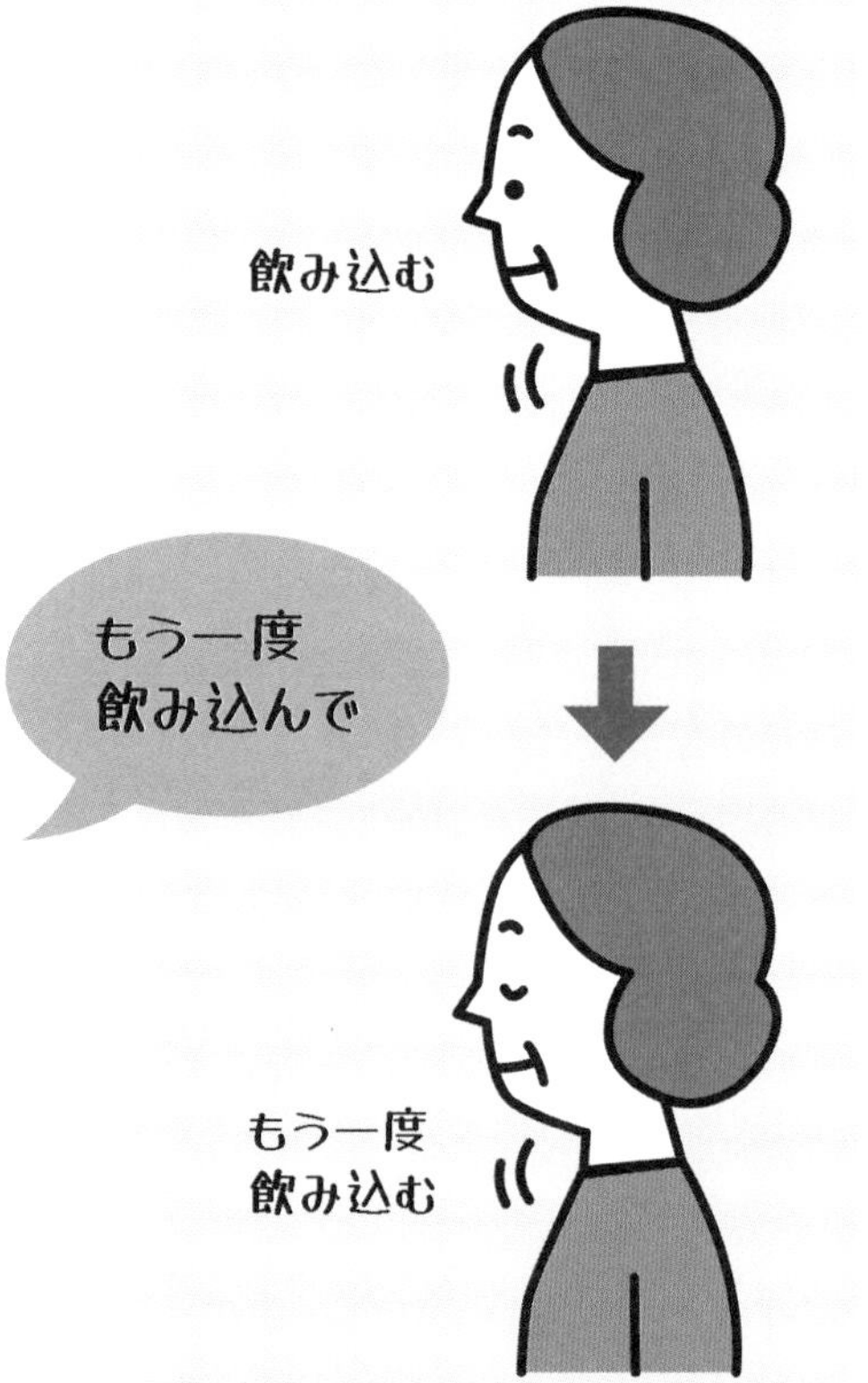
飲み込む
もう一度
飲み込んで
もう一度
飲み込む

交互嚥下

おかず
とろみのある汁物
おかゆ
とろみのあるお茶
おかず

食事中にゴロゴロとした音が喉から聞こえたり、痰がからんでいるような話し声になっているときは、交互嚥下と複数回嚥下を試してみます。試してみて、話し声がすっきりしたらOKです。

6 「食べこぼしが多いのですが、どうしたらいいですか？」

● ポイントは「口周りの力」「姿勢」「腕の動き」
● 必要な食事量をとれていない場合に注意

一口に「食べこぼし」といっても、**どのタイミングでこぼしているのか**によって原因も対策も変わってきます。口に入れた食べものをこぼしてしまうのか、皿から口に運ぶ途中でこぼしてしまうのか、確認してみましょう。

口周りの筋力の衰え

口の周りの筋肉（口輪筋）が弱くなると、食べものを口の中に留めておけないことがあります。口を使っていないから筋肉が衰えた、脳血管疾患の後遺症によって口輪筋がうまく働かないなど、その理由はいくつか挙げられますが、口周りの筋トレ（112〜114ページ参照）が可能であればトライしてみましょう。

（112〜114ページ参照）

上体が前傾しすぎていないか？

姿勢も重要です。**身体が頭を支えられずに崩れて前かがみになりすぎる**と、口の中に入れたものが出やすくなります。車椅子などに座ったときに、頭が支えられず後ろに反って首が伸びている、また は前かがみになって顔が見えないということはないでしょうか？

最初はしっかり座っていても、徐々に姿勢が崩れてきて前かがみになって食べこぼしてしまう場合は、まずは本人が**「何分くらいならしっかり座っていられるか」**を見てみましょう。リハビリテーション等で理学療法士が介入していたら、「30分程度安定して座れる姿勢」について聞いてみてもよいですし、「本人にとって食事しやすい姿勢」について相談して、実際に調整してもらうのもおすすめ

食べものをこぼすのはどのタイミング？

皿から口へ運ぶ途中
口に入れるとき
口に入れた後（咀嚼中）

です。

皿から口に運ぶ途中でこぼす

そして、「食べる」動作には、口元まで食べものを運ぶ動きも含まれます。食事のトラブルというと、口周りの力や飲み込む力などに目が向きがちですが、**腕の動きに不具合があり、食べものを食器から口に運ぶ際の動作がうまくいかず**、こぼしやすくなっていることもあります。その場合は、クッション等で身体を支えて動きをサポートしたり、手指がうまく動かせなくても使いやすい食具を用いるなどの対策をとります。

　これらのどれか1つが食べこぼしの原因となっているときもあれば、いくつかが重なっているときもあります。また、呼吸状態が悪かったり、全身的に筋力が落ちている、リハビリテーションや入浴などの後は疲れていて長時間の座位を保つのが難しい場合もあります。**本人の体調や食事のタイミングなども含め、原因を考えて対応**するとよいでしょう。

食べこぼしの原因と対策

状態	原因	対策
口の中に入れたものがこぼれる →	口周りや喉の筋力が衰えている →	・口周りの筋トレをしてみる ・咀嚼中にしっかり口を閉じるように声掛けをしたり、介助する
上体が前傾した姿勢で食べている →	前傾していると口に入れたものが出やすくなる →	・前傾しない姿勢に調整する ・姿勢をキープできない場合は理学療法士に相談
皿から口に運ぶ途中でこぼす →	加齢や病気の影響で腕や手指、唇の動きがうまくいかない →	・肘の下にクッションなどを置いて、腕の動きをサポート ・使いやすい食具で食べてもらう

食事中にこぼす量が多い人は、見かけ上はお皿が空になっていても、実際には食べている量が少ない場合がありますので、その点も注意しましょう。

食事中の困り事

7 「食事をしていると、だんだん疲れてしまうようです」

- 呼吸が安定しないと、食べることは負担が大きい
- 1回の食事時間を短くする工夫を試してみよう

食べると疲れる？

「食べる」動きと背中合わせの関係にあるのが「呼吸」です。例えば、100mを全力疾走し、ゴールした直後に「はい！ 今、おにぎり食べて！」と渡されても、息が上がっていて、とても食べられませんよね。つまり、**呼吸が安定していないと、「食べる」のは難しい**のです。

ゴックンと食べものを飲み込む瞬間、私たちは呼吸を止めています。止める時間は0・8秒程度といわれますが、食事中に100〜200回程度飲み込むとすると、0・8秒×200回＝160秒間息を止めることになります。

健康なときは何てことない時間ですが、心臓や肺の機能が低下していたり、栄養不良で元気がない人にとって、これは大きな負担です。食事の途中で息切れしてきたり、疲れてしまう様子が見られることがあります。このような場合は、**なるべく食事時間を短くすることが望ましい**です。

食事時間を短くする工夫

介護者の負担が多くならないようなら、食事を1日3回ではなく、4回5回に分食、つまりおやつ対応にして、食事の回数を増やす代わりに1回の食事量を減らし、短時間で食べられるようにすることもあります。

しかし、食事前のセッティングや食事中の介助が必要で、食事の回数を増やすのはマンパワー的に難しい、そもそも本人がしっかり起きている時間が短くて何度も食

「食べる」と「呼吸」は背中合わせの関係

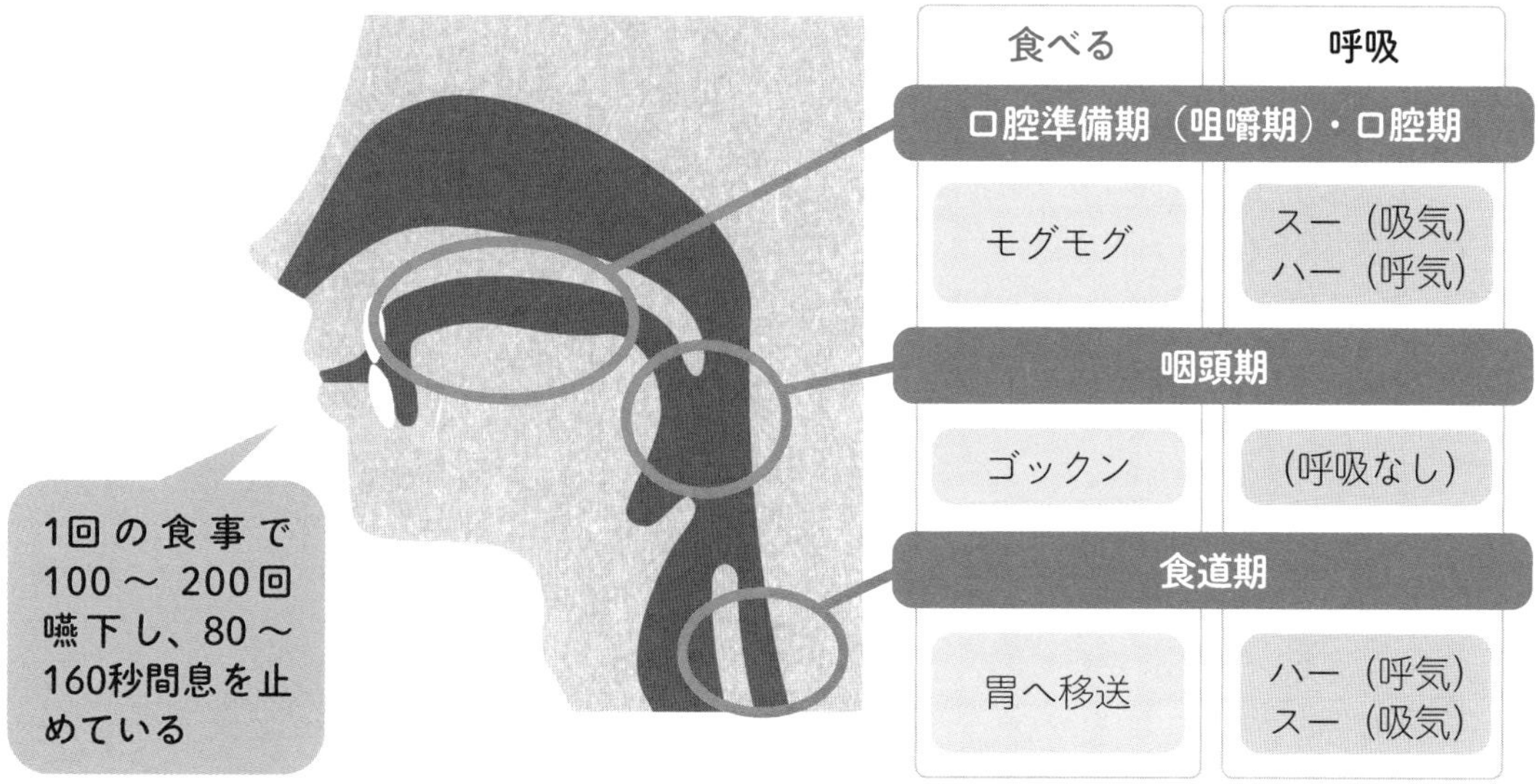

食べる
呼吸
口腔準備期（咀嚼期）・口腔期
モグモグ
スー（吸気）
ハー（呼気）
咽頭期
ゴックン
（呼吸なし）
食道期
胃へ移送
ハー（呼気）
スー（吸気）
1回の食事で100～200回嚥下し、80～160秒間息を止めている

嚥下と呼吸は協調して働くことが重要です。そのため、息切れや息苦しさなど呼吸に不調がある人にとって、「食事」は非常に疲れる作業であり、ゴックンと飲み込んだ後に「スー」と息を吸ってしまうことで誤嚥のリスクも高まります。

事ができないというケースもあるでしょう。その場合は、栄養補助食品やアイスクリームなど**少ない量で比較的栄養のとれるものを加えることで食事量を減らし、食べる時間を短くする**という方法もあります。

介護をしていると、「目の前のものを全部食べないと、必要な栄養がとれない……」など、「食べたかどうか」に意識が向きがちですが、食事中の本人の変化もしっかり見るようにしましょう。食事中の疲労は姿勢の崩れを招き、誤嚥や窒息などのリスクを高めます。**全部食べ終えることよりも、安全に食べることのほうが大切なときもあります。**

食事中の困り事

8 「とにかく食べるペースが速いのですが、大丈夫ですか？」

- 早食いは百害あって一利なし
- 食べるペースをコントロールする工夫を

若いときからの習慣で早食いだという高齢者はとても多いです。何十年間も続いた習慣を高齢期に変えることは、ほぼ無理でしょう。また、もともとは早食いでなかったのに、認知症など病気の影響で早食いになるパターンもあります。

急いで食べることは、誤嚥だけでなく**窒息事故の原因**ともなります。お皿ごと口に運んで、かきこむように食べてしまう人は特に注意が必要です。

早食い防止の対策としては、次の3つが基本です。

①食べる時間を稼ぐ
②目の前にある量を減らす
③介助する

①食べる時間を稼ぐ

咀嚼が必要な食べものを多めに用意したり、**スプーンではなく箸を使う**など、せっせと食べられない状況を作ります。十分に咀嚼しないまま飲み込んでしまう、箸を使うのがもどかしくてお皿に口をつけて流し込んでしまうなど、早食いを止められない人もいるので、必ず食事の様子を見守りながら試すようにしてください。

②目の前の量を減らす

お皿の上にあるものをすべて口に入れてしまうようなときは、小皿に取り分けて少しずつ提供します。**小分けにしたものを食べ終えたら次を取り分けて出す**ようにすると、食べるペースをコントロールしやすくなります。

③介助する

これも、介助者が食事のペース

早食いを防ぐ方法

をコントロールできる方法ですが、自分自身で食べられる人にもすべて介助するわけではありません。まずは、「ゆっくり食べてくださいね」と声かけで何度か促し、それでも食べるペースが落ちない場合に、**食事の中盤くらいから介助に切り替えてペースコントロール**をします。

「早食いは百害あって一利なし」です。私たちも、ゆっくり味わって食事をする習慣を身につけましょう。

食事中の困り事

9 「嚥下障害と言われたので、とろみをしっかりつけています」

- 飲み込む力が衰えた人にとって「水」は危険
- とろみが苦手な人には一口ずつ飲む方法で対応

食事をしていてうまく飲み込めなかったときに、お茶を飲んで流し込む——よく見かける光景ですが、実は**食べものの中で最も危険なものは「水」**なのです。水は流れが非常に速く、ばらけやすいため、ゴックンと飲み込む反射が遅くなっているような人は誤嚥しやすくなります。

水分にとろみをつけるメリット

しかし、一概にとろみをつければよいわけではありません。ちょっと想像してみましょう。濃厚なコーンスープと水があったとします。

Aさんは、ゴックンと飲み込む喉の動きはよいのですが、舌がうまく動かなくて喉の奥のほうに食べものを送るのが難しい状態です。この場合、ぽってりとしたコーンスープよりも、サラサラの水のほうが飲み込みやすそうですよね。

一方でBさんは、舌の動きは問題ありませんが、喉でゴックンと飲み込む反射がなかなか起きない状態です。この場合は、ゆっくりと喉のほうへ流れ込んでいって、反射が起きるまで喉のくぼみに溜まっていてくれるコーンスープのほうが飲みやすいでしょう。

つまり、その人の**どの部分の動きが悪いかによって、水分にとろみがついていたほうがよいのか悪いのかも変わってくる**のです。

水でむせる人に対しては、一般的に、薄いとろみをつけると、むせにくい印象です。まずは薄いとろみから始めて、本人に合ったとろみ具合を探しましょう。市販さ

とろみ剤（増粘剤）のイメージ

とろみの強さ	＋	＋＋	＋＋＋	＋＋＋＋
とろみのイメージ	フレンチドレッシング 	とんかつソース 	ケチャップ 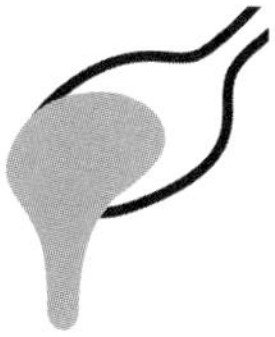	マヨネーズ 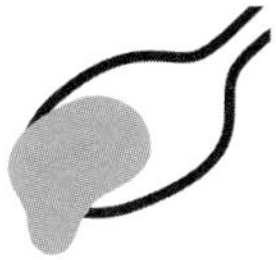
使用量の目安 水・お茶 100ml あたり	1g（＋〜＋＋の間）	2g（＋＋〜＋＋＋の間）		3g

嚥下がうまくいかない原因が喉にあるのか、舌の動きにあるのか、全体的にあるのかについては、専門家に確認してもらいましょう。

れている増粘剤を使う場合は、説明書に書かれている最も薄いとろみから試してみます。

とろみを嫌がる人には？

とはいえ、「水が飲みたい！」と「とろみがついたのは嫌だ！」という人が多いのも事実。喉が渇いたときに、水をゴクゴク飲みたい気持ちはよくわかります。

とろみをつけることをどうしても嫌がる人には、前述した、スプーンやストローなどで一口ずつ飲むなど、むせずに飲める方法をいくつか試して、本人が満足してくれるものを探します。やはり、とろみなしの水分ではむせ込んでしまうという場合は、なるべく薄いとろみやサッパリした味のとろみ飲料を試してみるとよいでしょう。

食事中の困り事

10 「食事の量が少なくて心配です」

- **動く量が減れば、食べる量も減る**
- **定期的に体重測定し、極端に減る場合は医師に相談**

3日間全体の食事量を見る

元気な時期と比べて、食事量が減ってくると心配になりますね。でも、活動量が少なかったりすると、お腹が減らないこともあるでしょう。

「せっかく作ったのに食べてくれない」「こんな少ししか食べない、どうしよう……」など不安になることもあると思いますが、まずは「その日」「その1食」だけに注目せず、**3日間くらいのトータルである程度の量がとれているかどうかで判断**するようにしましょう。バラエティに富んだ内容でなくても、おやつの甘いものだけでも、食べていればいいのです。

定期的に体重をチェック

そして、可能であれば**週に1回程度は体重を量り、3kg以上減っていたら食事内容を見直す**ようにしましょう。栄養補助食品を利用したり、おやつを足すのもいいですね。

徐々に食べられなくなってきて体重減少が続くということも、実際には見られます。一方で、しばらく食べない時期があったかと思うと、スイッチが入ったようによく食べるようになる人も、寝て起きてを繰り返して食事は2日おきという人もいます。年を重ね、寝たきりで活動量が減れば、省エネモードに入って、3食しっかり食べないことも珍しくありません。それが、その人の生きるペースです。

極端に食べる量が減る日が続くようなら、訪問医や訪問看護師に相談してみましょう。

食事量の考え方の例

食欲が旺盛で、間食もした

寝ていることが多く、食事のタイミングが合わなかった

昼はお腹がすいていなかったのでコーヒーと果物のみ

	1日	2日	3日
1回目	お粥、味噌汁	そうめん	お粥、卵焼き
2回目	焼き芋	スポーツドリンク	缶コーヒー、果物
3回目	お粥、煮物		お粥、味噌汁、焼き魚
4回目	おにぎり、果物		

だいたい3日間くらいで、おおよその量がとれていればOK

事例

人生も終着点にさしかかり、「最期は自宅で過ごしたい」と退院された方がいらっしゃいました。食事はほとんど食べられず、ご家族によると「アイスのようなものなら少し食べてくれるけれど、食事量がとても少ないので心配」とのことでした。

「朝ごはんの代わりにアイスを食べるなんて」と抵抗感を覚える人もいるかもしれませんが、多くの食べ物を受け付けない状況では、本人が食べられるものなら何でも食べていいのです。「朝食がアイスでも何の問題もありませんよ」とお話ししたところ、ご家族がほっとした顔をされていました。

終末期においては、「栄養がとれない」と悩むよりも、食べたいものを少しでも食べることが、本人や周囲の家族の幸せにつながるのではないでしょうか。

食事中の困り事

11 「毎食2時間もかかっていますが、問題ないですか？」

- 食事時間は30分程度がベスト、長くても1時間以内に
- 時間経過により形態が変化する食べものに注意

「待つ」ことも大事だけど…

食べるスピードは人それぞれ。食事介助では「待つ」ことも介助技術の1つです。とはいえ、介護者にもいろいろと予定がありますから、「待つ」のも簡単なことではありません。

噛む・飲む動作がゆっくりであったり、「食べること」に集中できなかったり、食事に時間がかかる理由は様々です。ゆっくり食べること自体はよいのですが、**必要な量をとれないうちにお腹がいっぱいになってしまう**こともあります。また、前述のように、食事で疲れてしまうこともあります。早食いも困りものですが、遅すぎるのも困りますね。

食事の形態が変わる場合も

食事に時間がかかりすぎることは、他にも困った変化があります。例えば、全粥は米粒の周りに重湯（濃いデンプン液）をまとったものですが、時間がたつとスプーンについた唾液（アミラーゼ）によって重湯が分解され、サラサラのお茶漬けのようになってしまいます。これは片栗粉でとろみをつけたあんかけ料理でも、同じ現象が起きます。

サラサラした水分ではむせやすいから料理にとろみをつけているわけで、その目的が果たせなくなってしまいます。トロッとしたお粥の状態のまま食べ終えるためにも、**食事時間の目標は30分程度、長くても1時間以内**を目処としましょう。**介助で使用しているスプーンは、お粥の中に入れっぱなしにしない**ことも大事です。

「お粥がサラサラになる」とは?

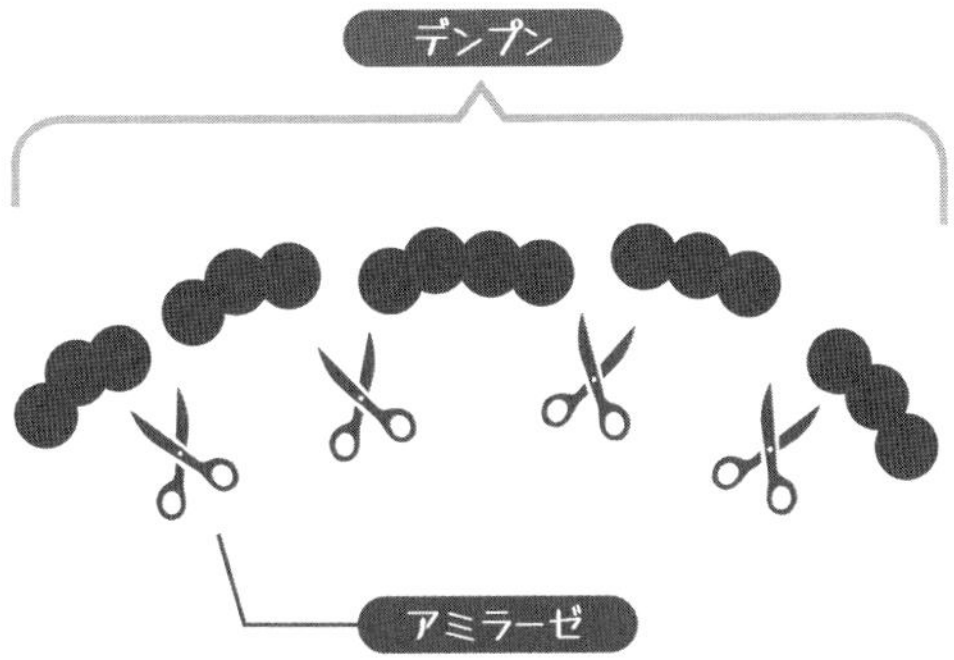

デンプンの結合が、時間がたつとアミラーゼによって分解されてしまうので、トロッとしていたお粥がサラサラに

小皿に少しずつ取り分け、唾液のついたスプーンを入れっぱなしにしないようにすると、お粥がサラサラになりにくい

食事介助中に、スプーンについた唾液の影響でお粥がお茶漬けのようにサラサラの状態になると、その上澄みを別の皿に移して、お粥の形態を保っている部分をすくって食べてもらう……という場面が多々あります。

また、お粥を小分けにできる別皿を用意して、少しずつ取り分けながら食べるようにすると、サラサラ状態になるのを防ぐことができるでしょう。

一日中「食事」と奮闘していたら大変です。たくさん食べられなかったとしても、一度食事を切り上げましょう。生活のメリハリをつけるほうが、健康にもよいですから。

12 「窒息は、お餅に注意すればいいですよね？」

●高齢者の窒息は餅以外でも起きる
●喉にものが詰まったときの応急処置を知っておこう

窒息するのは餅だけではない

窒息はお餅以外でも、何でも起こります！　よく聞くのが、錠剤やカプセルを包装しているPTPシート。インターネット検索で「PTPシート」と入力すると、自動的に表示される予測候補として「誤飲」が真っ先に出てきます。このように、食べものはもちろん、**食べもの以外のものでも窒息事故は起きる**のです。

東京消防庁の報告（平成27年～令和元年）では、高齢者の「窒息・誤飲」原因の1位は包み・袋（薬包など）、2位は餅、3位は肉、以下、お粥類、ご飯……と続きますが、お餅以下はほぼ同じ搬送件数です。つまり、1月にお餅を食べる機会が多く、それによる救急搬送の人数が多いのでお餅だけが注目されますが、それ以外のものも要注意ということです。

窒息・誤飲で救急搬送された高齢者のうち、生命の危険が高い症状（重症・重篤・死亡）となった人は3割近くに上るというデータもあります。早食い、詰め込み食べタイプの人は、特に気をつけましょう。

窒息の応急処置

チョークサイン（窒息を起こして呼吸ができないときのサイン）が見られたり、ぐったりしていて「おかしいぞ！」と感じたら、周りの人を呼びましょう。本人に呼びかけて反応があり、咳ができるようなら、できる限り咳をさせます。

咳ができない場合は、背部叩打法といって、頭を低くして顎を反らして背中をたたく方法で詰まったものを出すようにしましょう。ぐったりして反応がなければ救急車を呼びます。**窒息は「事故」ですから、緊急の対応が必要です。**万が一に備えて、応急手当の方法の講習会などに参加しておくと安心です。とっさの行動が命を救うことになります。

高齢者の「窒息・誤飲」症状程度別救急搬送人員

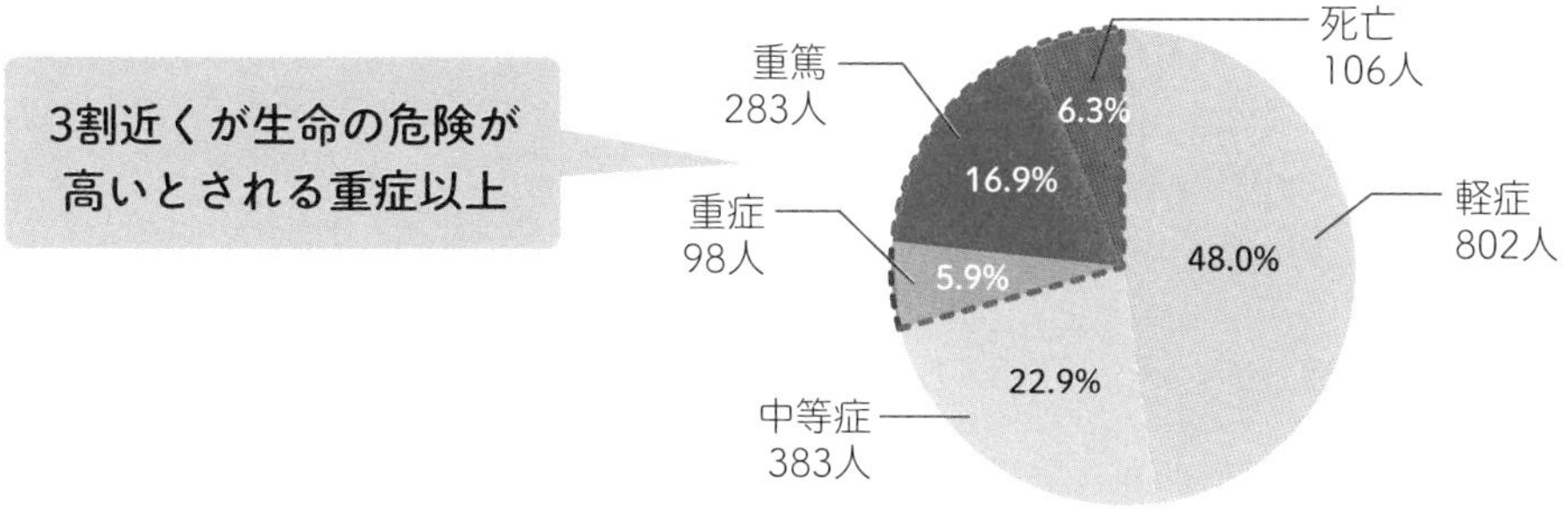

3割近くが生命の危険が
高いとされる重症以上
死亡
106人
6.3%
重篤
283人
16.9%
重症
98人
5.9%
軽症
802人
48.0%
中等症
383人
22.9%

出典：東京消防庁ホームページ

高齢者の「窒息・誤飲」の原因となる上位10製品

①包み・袋（103人）
②餅（78人）
③肉（77人）
④おかゆ類（76人）
⑤ご飯（75人）
⑤薬剤等（75人）
⑦洗剤等（68人）
⑧野菜・果物（66人）
⑨入れ歯（63人）
⑩寿司（61人）

出典：東京消防庁ホームページ

もしものときの応急処置

①背後から胸や下顎を支えて、うつむかせる

②もう片方の手のひらの付け根で、肩甲骨と肩甲骨の間を強く4～5回、迅速に叩く

チョークサイン

食材ごとの調理形態				
卵	野菜類			穀類
	果菜（かぼちゃ）	根菜（大根）	葉菜(小松菜)	
具なしの茶碗蒸し 卵豆腐				
温泉卵 ポーチドエッグ	皮なし つぶし マッシュ	すりおろし	ペースト	全粥
だし巻き卵 オムレツ スクランブルエッグ 卵とじ	皮なし：2～3cm大 皮あり：つぶし	煮物（熟煮）	煮物（葉先のみ、熟煮）	全粥 パン粥（食パン耳なし） よくゆでた麺
	皮あり：2～3cm大	煮物	おひたし 和え物	全粥・軟飯・リゾットなど パン粥 ゆで麺
卵焼き	好きな調理法で			軟飯・米飯 パン(フレンチトーストなど) ゆで麺
炒り卵				米飯（チャーハンなども） パン 麺

食べやすさとは、「噛みやすさ」や「飲み込みやすさ」であり、食材の選び方や調理の仕方がポイントとなります。この表は、「食べる力」（噛む・飲み込む力）に応じた調理形態（加熱・加工）の目安をまとめたもので、一番下の段がいわゆる普通の食事、上に行くほどやわらかく食べやすい食形態となっています。

「食べる力」の段階別、調理法の考え方

食べやすい ↕ 普通食

調理形態		食形態	食材ごとの調理形態	
加熱	加工		肉	魚
煮る／蒸す（湿熱調理）	ミキサー	・中間〜濃いとろみ ・プリン、ゼリー、ムース		
	ミキサー つぶす 切る	・均一でなめらか（ただし、サラサラしすぎない） ・ミキサー食・ペースト食 →噛まずに食べられる	肉ペースト	魚ペースト
		・不均一 ・やわらかい粒を含む ・歯がなくても食べられる →舌でつぶせる	つくね 煮込み	煮魚ほぐし あんかけ 刺身（ネギトロなどやわらかく油脂を含むもの）
		・形があり咀嚼を必要とするが、硬すぎず、ばらけにくい ・箸で切れるやわらかさ →歯茎でつぶせる・容易に噛める	つくね 煮込み ソテー（脂肪多めでパサつかない部位）	刺身（やわらかいもの） 煮魚 焼き魚（ソテー）
焼く／煮る／蒸す	切る	・咀嚼が必要で、ある程度の硬さやばらつきがある ・咀嚼してまとまった食塊にする必要がある	ソテー パン粉焼き	焼き魚（ムニエル）
揚げる／焼く／煮る／蒸す		・特に加工せず、食事の制限がない	ソテー カツ	フライ

介護食を手作りする場合だけでなく、レトルト食品や宅配弁当を利用したり、本人の「食べる力」を大まかに把握する上でも、こうした目安を知っておくと役立つでしょう。

● 飲み込んだのを確認してから次の一口を提供

● 目が覚めた状態で食べる。眠そうなときは食事を見送る

● スプーンはまっすぐ出し入れする

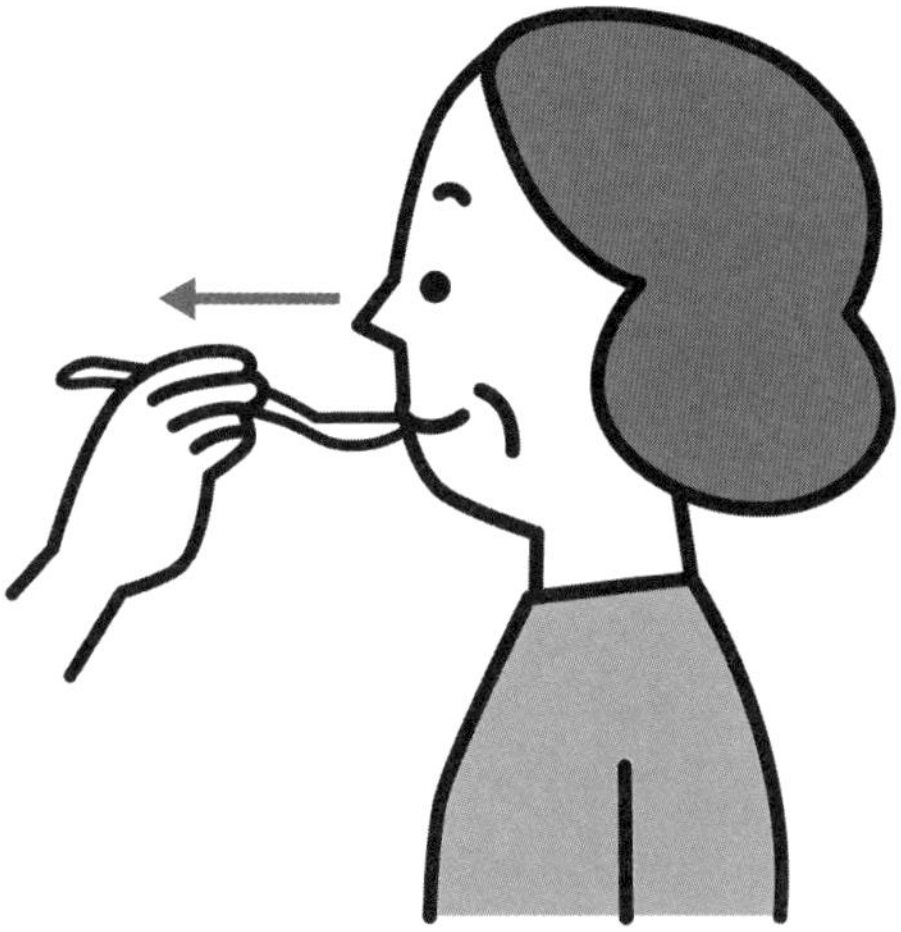

スプーンを上向きに引き抜こうとすると、つられて顎が上がってしまい、誤嚥のリスクにつながる

食後すぐに横になると、食べたものが逆流するおそれがあるので、30分くらいは身体を起こしておいてもらいましょう。

誤嚥を防ぐ食事介助のポイント

● 事前確認＆準備

・「ごはんですよ」「お昼食べましょう」などと声掛け
・トイレに行くことをすすめる（食事を中断するのを防ぐため）
・「体調の変化はないか？」「ちゃんと目が覚めているか？」などをチェック
・口の中の状態や入れ歯の装着などを確認（できる場合は、うがいをしてもらう）
・食卓についたら、90度の姿勢に整える

● 必ず隣に座って介助する

立ったまま介助すると、食べる人の顎が上がった状態になり、誤嚥のリスクが高まるので危険！

COLUMN

服薬をサポートするときのポイント

「薬を飲むコツはありますか?」はよく質問される内容です。錠剤や粉薬など、毎日、複数種類の薬を飲んでいる高齢者は多いです。食事介助が必要な人にとっては、服薬のサポートも一苦労でしょう。

服薬を負担に感じたときは、必要な薬かどうかを訪問医などに確認してみてください。例えば、もともと不眠や便秘など一時的な症状のために処方された薬が、改善後も出され続けるといったこともあります(途中で担当医が替わった場合などに起こりやすいです)。

薬を食事に混ぜて服用するケースもあるでしょう。例えば、スープ全体に薬を混ぜてしまうと、すべて平らげなくてはいけなくなります。途中で食欲がなくなり全部を食べられないと服薬も不十分になるので、少量を別に取り分けて、そこに薬を混ぜて飲むようにしましょう。

服薬用ゼリーを使う際は、錠剤をゼリーにのせるだけだと、口の中や喉に張り付いて飲み込めない場合があります。ゼリーの中に錠剤を埋め込むようにして服薬しましょう。

第3章

食事の「困った」は姿勢で改善できる

食べるときの姿勢

1 誤嚥しにくい食べ方ってありますか？

- 姿勢によって、食べにくくも、食べやすくもなる
- 重要なのは顎の位置

顎は上がっている？ 下がっている？

救命講習などを受講したことはあるでしょうか？　そのときに練習した、人工呼吸の方法を思い出してください。やったことがない人は、医療ドラマなどでよくある救命処置の場面を思い浮かべてみてください。

　人工呼吸をするときは、まずあおむけに寝ている人の顎を上に持ち上げるようにして、首を後ろに反らせます。こうすると、口や鼻から気道までの通路がまっすぐになり、空気が肺に入りやすくなるためです。

「口から肺まで一直線」というのは、食事の場面で考えると大変危険な姿勢です。これを座って食べる場合に置き換えてみましょう。**顎が天井のほうを向いて首が後ろに反った姿勢は、食べものが肺に入りやすくなり、誤嚥のリスクが高まります**。よくあるのが、コップで水を飲むときなどに思い切り上を向いてしまってむせるケースです。

「うつむき加減」がベスト

誤嚥しにくい姿勢は、**顎を少し引いて、ややうつむき加減になった状態**です。この角度は、私たちがふだん食卓に並んだお皿を見ながら食べるときの姿勢と同じです。

　食事介助をする場合も、要介護者の顎の向きを意識します。特に介助者が立ち上がった状態で食事介助をするのは避けましょう。高い位置から食べものを差し出す形になり、食べる人は顎が上がって

しまい危険です。**食べる人と目線の高さが同じになるように、座って介助**しましょう。

誤嚥しにくい首の角度

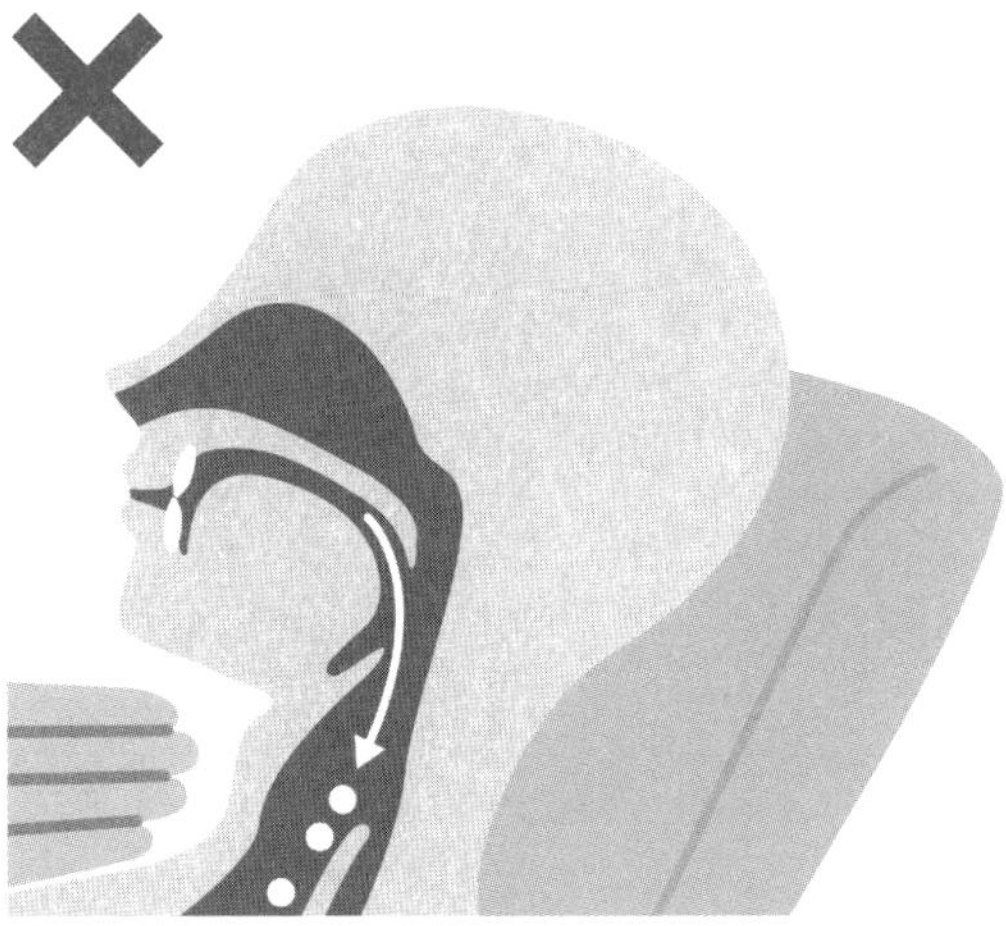

顎と胸の間があきすぎると、顎が上向きになって、口に入れた食べものが気管に入りやすくなり、誤嚥しやすくなる

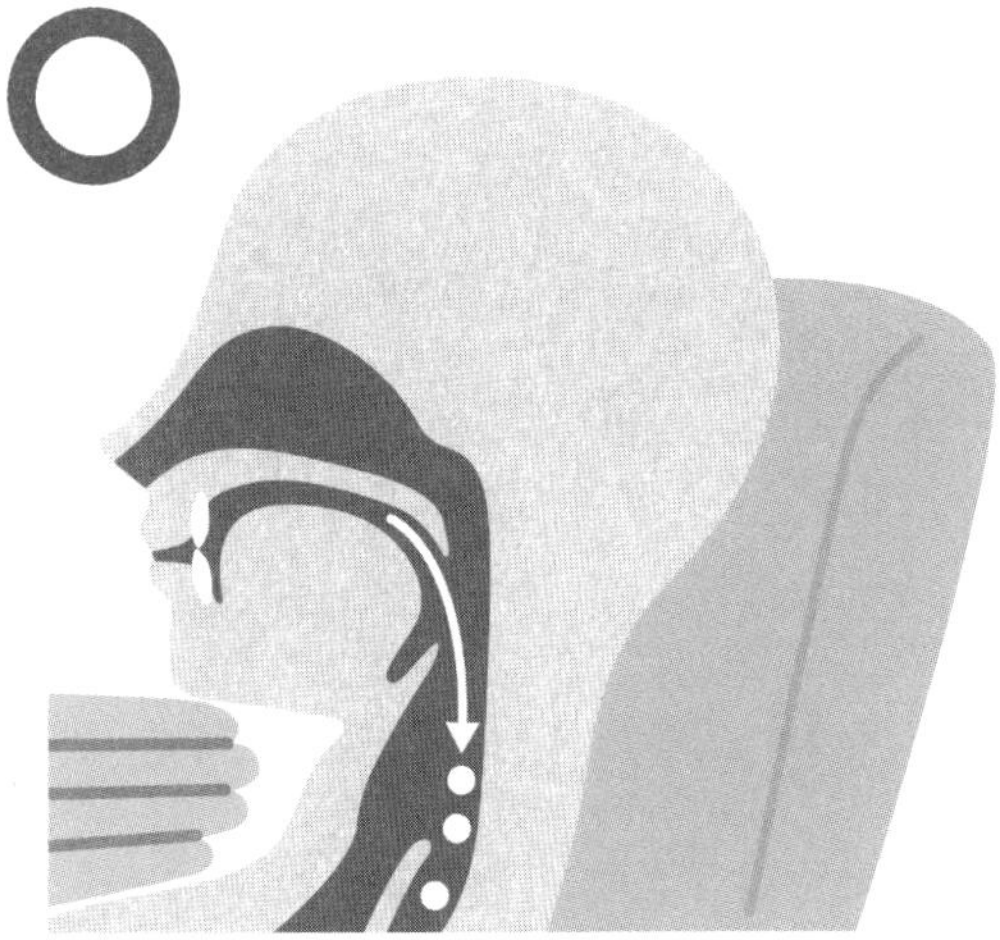

顎と胸の間に指が4本入るくらいがちょうどいい

事例

病院で食事介助をする看護師さんにも、なるべく座って、患者さんと目線を合わせながら行うようにお願いしています。とはいえ、数名の患者さんの食事介助を掛け持ちすることもあり、「とても座っていられない！」という状況があるのも実情です。

食事介助が必要な方がたまたま隣同士のベッドにいたときに、看護師さんがその間に座って左右の手を使ってそれぞれに介助を行う様子を目にしました。利き手に関係なく、左右どちらからでも介助ができてしまうプロの技を見た思いでした。

2 食べやすい姿勢とはどんな姿勢？

- ポイントは「90度ルール」と接触面積の広さ
- 身体を支えられない場合はタオルやクッションを活用

座って食事をするときの90度ルール

この姿勢をとると脳が刺激されて、しっかりと目が覚めるので、「目が覚めた状態で食べる」という意味でも重要
少し前傾すると、食事を目視でき、嚥下もしやすい
90度
90度
90度
足の裏がしっかり着いている

腰・膝・足首は90度に

多くの人にとって最も食べやすいとされているのが、「90度ルール」という姿勢です。上図のように椅子に座った状態で、腰、膝、足首の3箇所が90度に曲がった姿勢で、身体が重力に逆らって起きている形となります。

90度ルールの姿勢で、手前に置かれた食器が見える程度に顎を引いた状態にすると、嚥下しやすく、食べやすくなります。しかし、高齢者の中には、舌の動きが

座り方と接触面積の関係

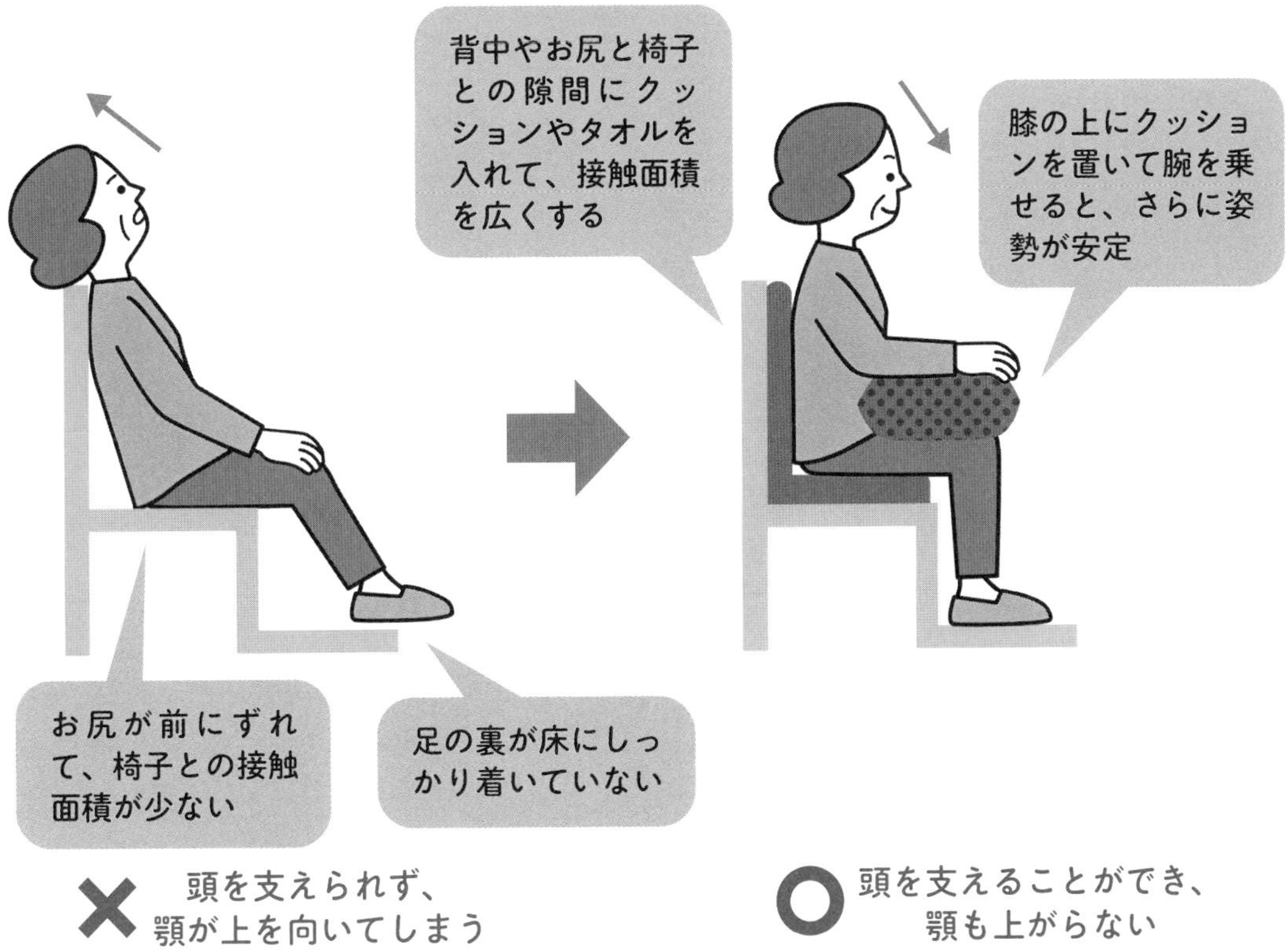

背中やお尻と椅子との隙間にクッションやタオルを入れて、接触面積を広くする
膝の上にクッションを置いて腕を乗せると、さらに姿勢が安定
お尻が前にずれて、椅子との接触面積が少ない
足の裏が床にしっかり着いていない
× 頭を支えられず、顎が上を向いてしまう
○ 頭を支えることができ、顎も上がらない

極端に悪いとか、まっすぐに座ってもすぐに疲れてしまう、体幹で身体を支えられず椅子に座れないといった場合もあり、そんなときは**テーブルに肘を乗せて**身体を支えながら食べたり、**60度くらいの傾斜をつけたベッド上**で食べたりしてもらうこともあります。

片方の腕だけでも、体重の約5%と意外と重いのです。そのため、テーブルの上に肘や腕を乗せると、上半身の負担が減って楽になることもあります。また、自然と前傾姿勢になるので、食事を目視しやすくなる効果もあります。

これと同じ原理で、**膝の上に大きめのクッションを置いて抱えるようにして座る**と、腕の重さが分散されて90度ルールの姿勢をとりやすくなります。

ベッドのリクライニング機能で調整する場合

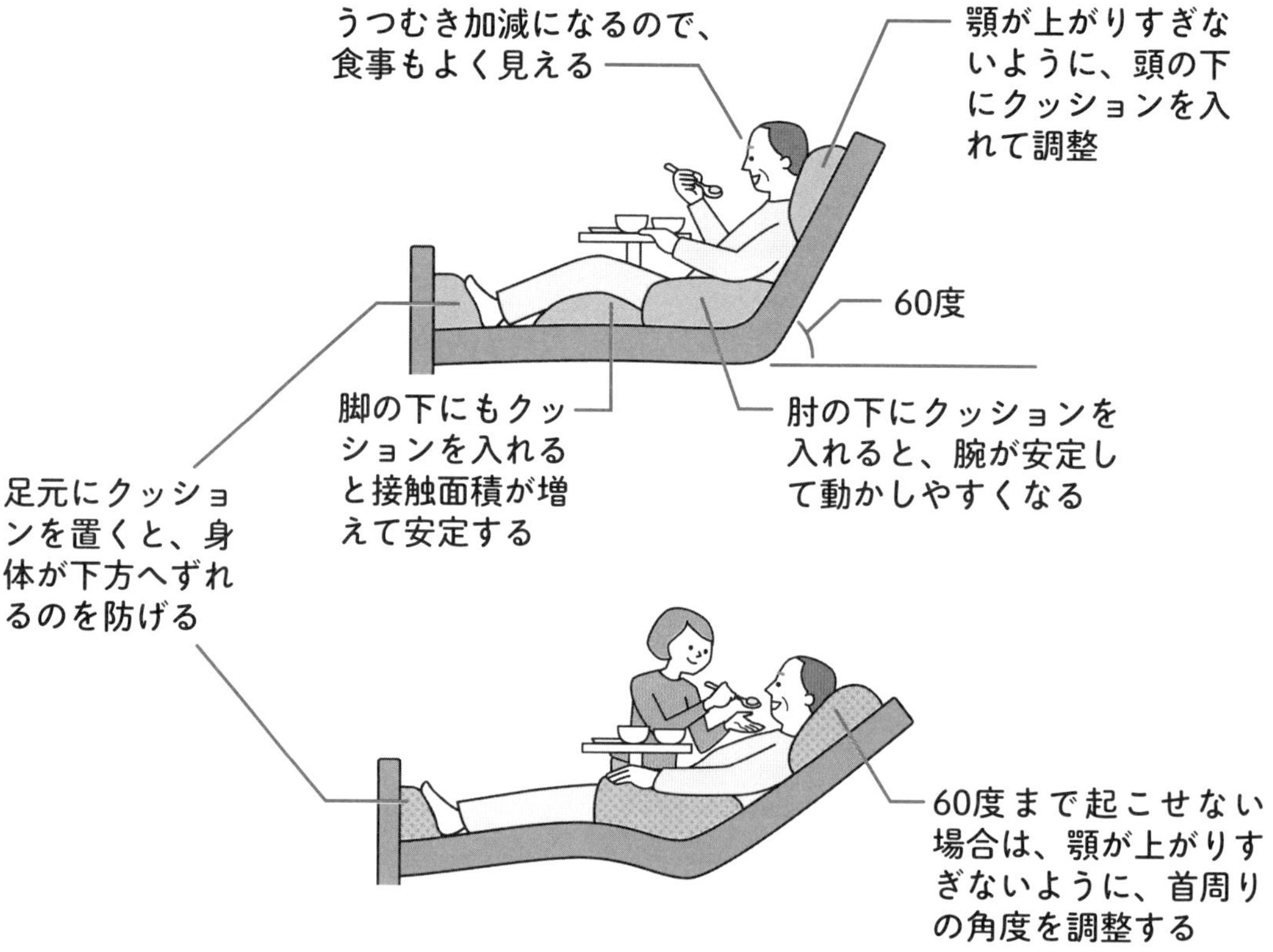
うつむき加減になるので、食事もよく見える
顎が上がりすぎないように、頭の下にクッションを入れて調整
60度
脚の下にもクッションを入れると接触面積が増えて安定する
肘の下にクッションを入れると、腕が安定して動かしやすくなる
足元にクッションを置くと、身体が下方へずれるのを防げる
60度まで起こせない場合は、顎が上がりすぎないように、首周りの角度を調整する

身体がどのくらい「安定した部分」に接しているか？

私たちが安定した状態で立ったり座ったりするためには、**身体と床（地面）や椅子の座面との接触面積の広さがカギ**になります。足の裏がしっかりと床に着いていなかったり、座面が狭くてお尻しか乗せられなかったりすると、接触面積が少なく姿勢が不安定になり、安定させようと身体に余計な力が入ったり、他の安定した部分を使って支えようとします。

特に全身の筋肉量が減り、しっかり座っていられない人は、安定している部分への接触面積が少ないほど姿勢が崩れやすいです。また、身体のどこかに痛みがあって安定した姿勢がとれない場合もあります。そのようなときは、本人にとって痛いところや不安定な部

片麻痺の場合の姿勢の調整

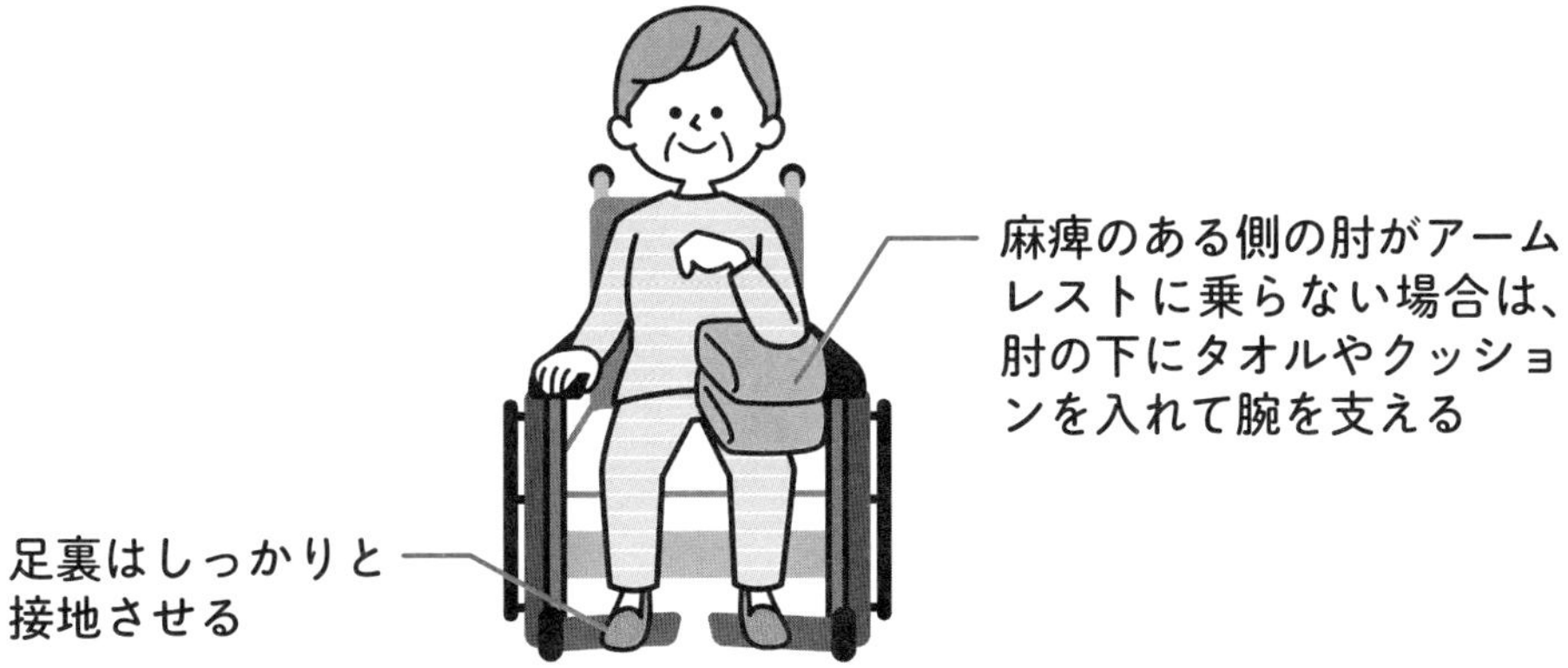
麻痺のある側の肘がアームレストに乗らない場合は、肘の下にタオルやクッションを入れて腕を支える
足裏はしっかりと接地させる

筋力や体力がなかったり、身体の痛みなどで姿勢を保ちにくい人は、食事中に徐々に崩れて「危ない姿勢」になってしまうこともあります。確かに「推奨される姿勢」はありますが、それをやろうとすると身体が痛い、疲れるという場合は、最低限「喉の空間の形と周りの器官との位置関係」だけを意識して調整しましょう。目的はあくまでも、安全に食事をすること。痛みや疲労に気を取られては意味がありません。頭や身体の位置を変えることで、約８割の患者さんの液体誤嚥が減ったとの報告もあります。

分をなくすように、**クッションやタオルなどを利用して、なるべく身体と安定した面が接触する部分を多く**します。

調整して本人に合う姿勢を探す

体格や円背によって、90度ルールが難しい場合もあります。90度に近い姿勢にすると疲れやすくなる、口からこぼれて食べにくそうといった場合は、**ベッドのリクライニングを少しずつ倒して**、口に入れて飲み込むまでの一連の流れがスムーズになる角度を探してみてください。クッションやタオルケットを利用してベッドとの接触面積を増やすとともに、タオルを筒状に巻いたものを肩甲骨付近から首の後ろあたりに入れ込むなどして、顎が上を向きすぎないように気をつけましょう。

COLUMN

ハイヒールと高いスツールに共通する不安定感

ハイヒールの靴を履いた経験がある人はわかると思いますが、ヒールの高い靴で歩くのはつま先立ちで歩くのとほぼ同じで、慣れないうちは不安定に感じます。これがスニーカーのように平たい靴だと、足の裏全体が地面に着くので安定感抜群です。

あるいは、ラーメン屋さんのカウンターでよく見られる、座面の位置が高く、背もたれのないスツール（椅子）を思い浮かべてください。スツールに座ると足が床につかず、ブラブラと不安定なため、肘をカウンターに乗せて安定させたりしませんか？また、スツールの足置き部分に足を乗せて、ようやく安定感を得られたという経験はないでしょうか。いずれも、地面や椅子に身体が接触している部分が少ないために感じる不安定さによるものです。

理屈がわかっていると、「これでは姿勢が安定しない」「この体勢では食べづらいな」などと気がつきやすくなるでしょう。

3 安心&楽しい食環境とは？ ～椅子とテーブル～

- 低すぎる椅子はNG
- 腕の力が落ちている人は「肘」を安定させる

座る椅子やテーブルの高さによっても、姿勢の安定性は変わります。足裏がしっかり床に着いているほうがいいと前述しました。ということは、椅子は低いもののほうがいいのでしょうか？

理想の椅子とテーブルの高さ

足の裏を床にしっかりと着けるためには、座る椅子を低くすればよいというわけではありません。低すぎる椅子は、座ったときに膝が上がりすぎ、その影響でお腹が丸まって圧迫されるため、食べにくくなります。

骨盤をしっかり立て、座面に太ももの裏がぴったりと着いた状態で座ることが大切です。例えば、車椅子に座ったときも「90度ルール」が崩れる場合があります。フットレストに足を乗せると膝の位置が上がりすぎて、お腹を圧迫するようなケースです。そんなときは、フットレストを上げて、足を床に直接着けるようにしましょう。

また、**テーブルの高さは胸より少し下**あたり、**身体との距離はこぶし1個分**くらいがベスト。本人から食器もよく見える位置です。

スプーンや箸を使うときの肘の位置に注意

ふだん、私たちが食事をするときは、箸でつまんだ食べものを口まで運ぶのに時間がかかって仕方がない……ということは、あまりないと思います。でも、介護の現場では、本人が箸でつまんだ食べものをそーっと口に運ぶものの、その手前で落としてしまう、肘が曲がりきらなくて口まで届かな

事例

　訪問歯科でうかがった介護施設で、脳梗塞の後遺症により言葉がうまく出ず、麻痺のある患者さんにお会いしました。

　大好物のコーヒー味のムースを一生懸命スプーンですくうのですが、口に届く前にエプロンに落下。これを何回も繰り返し、施設のスタッフが手伝おうとしますが、ご本人は「自分で食べたい！」と拒みます。

　そこで、施設スタッフと相談しながら、クッションやタオルを使って何とか姿勢を整え、枕を縦にした状態で肘の下に差し込んでみたところ、こぼす量が激減！　ご本人もスタッフもとても喜んでいました。

　このように、肘下に入れるクッションが大活躍する場面はとても多いです。

食事に適した椅子とテーブルの高さ

テーブルの高さは
胸より少し下
腰・膝・足首は、横から見て90度に
テーブルと身体の間はこぶし1個分くらいがベスト

い、なんていう場面によく遭遇します。

　食具使いが大変そうに見える場合は、**箸やスプーンを持つ手のほうの肘の下にクッションや枕を入れてサポート**してみてください。

　肘の位置が安定すると、腕ごと持ち上げる必要がなくなり、肘から先の左右の動きだけになるので食べやすくなります。ただし、**肩が上がってしまうほど、肘を高くしない**ように注意しましょう。

4 安心&楽しい食環境とは？ ～食具の選び方～

- 箸で食べれば早食い防止にも効果的
- スプーンは浅く小さめなタイプがおすすめ

使えるうちはなるべく箸で

加齢や病気の影響で食具の使い方が難しくなってくると、いろいろと工夫が必要になると思います。

本人が箸を使える場合は、箸で食べてもらうのがいいでしょう。箸は一度につまめる量がそれほど多くなく、肘の上下動も比較的少ないので安全です。特に**早食いの傾向がある人は、スプーンよりも一口量が少なくなる箸を優先**して使ってほしいです。スプーンに山盛りにしてかきこんでしまったりすると危険です。

麻痺があったり、手の動きが悪くて箸ではうまくつまめないという場合は、バネ付きのリハビリテーション用の箸やスプーン、フォークを使用します。

スプーンは深さに注意

スプーンを使うときに注意したいのが、その深さです。

カレースプーンのようにボウル部分が大きめのものは、1回にすくう量が多くなりすぎる場合があります。また、唇を使ってスプーンから食べものをこそげ取る際にも、ボウル部分が深いと唇の力がより必要になり、人によっては食べにくい食具となってしまいます。**カレースプーンよりもボウル部分が浅く、小さめのスプーン**が理想です。

食具をうまく握れないときは？

スプーンは、ペンを持つような指の形（ペングリップ）で持つのがよいとされています。柄の部分を握るような持ち方だと、肩の関節でスプーンのすくう面を調節する必要があるからです。

指がうまく動かなかったり、力が入らなかったりして、柄の細いスプーンが持てない人もいらっしゃいます。その場合は、**太めの柄のスプーンを使うか、タオルやハンカチを柄に巻いて輪ゴムなどで固定**し、本人に合う太さに調節してみるとよいでしょう。

紙コップでお試し

コップを使って水やお茶を飲むとき、嚥下機能に問題がある人にはそっと一口ずつ飲んでほしいところです。しかし、長年の習慣で勢いよくコップをあおり、その結果、飲んでいる途中でむせてしまうという様子をしばしば見かけます。

むせやすい人にはノーズカットのコップの利用をおすすめしています。コップの縁が鼻に当たらないので、上を向かずに飲むことができ、むせが解消されることもあります。

介護用品として売られていますが、**紙コップをハサミでカットして作る**こともできます。購入する前に、一度、紙コップで試してみて、有効かどうか確認するのもよいでしょう。

ユニバーサルデザインの食具

箸

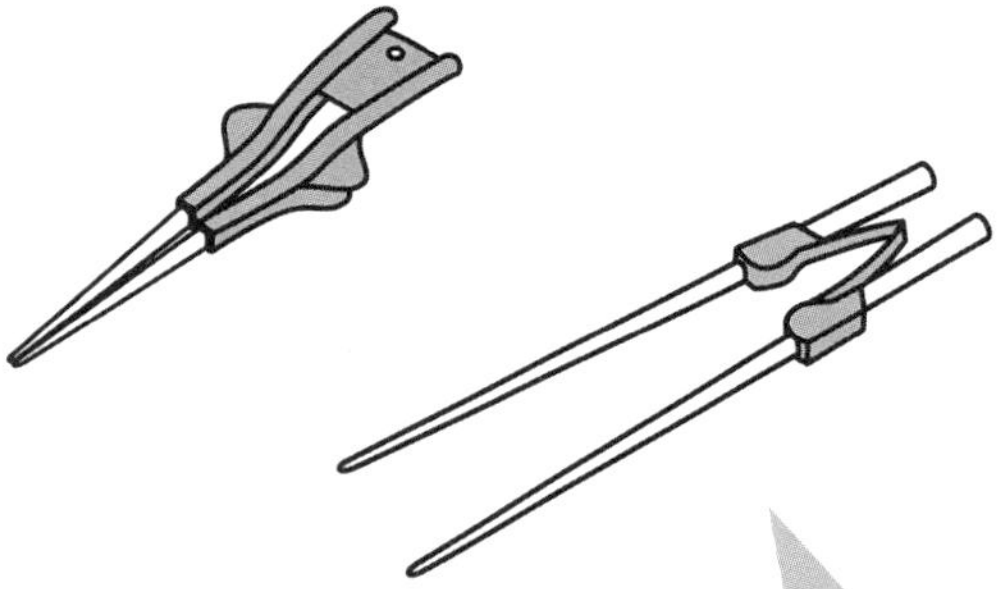

トング式は握って使えるので、利き手でなくても使える

コップ

ノーズカットタイプはコップの淵が鼻に当たらないので、少し傾けるだけで飲める

スプーン・フォーク

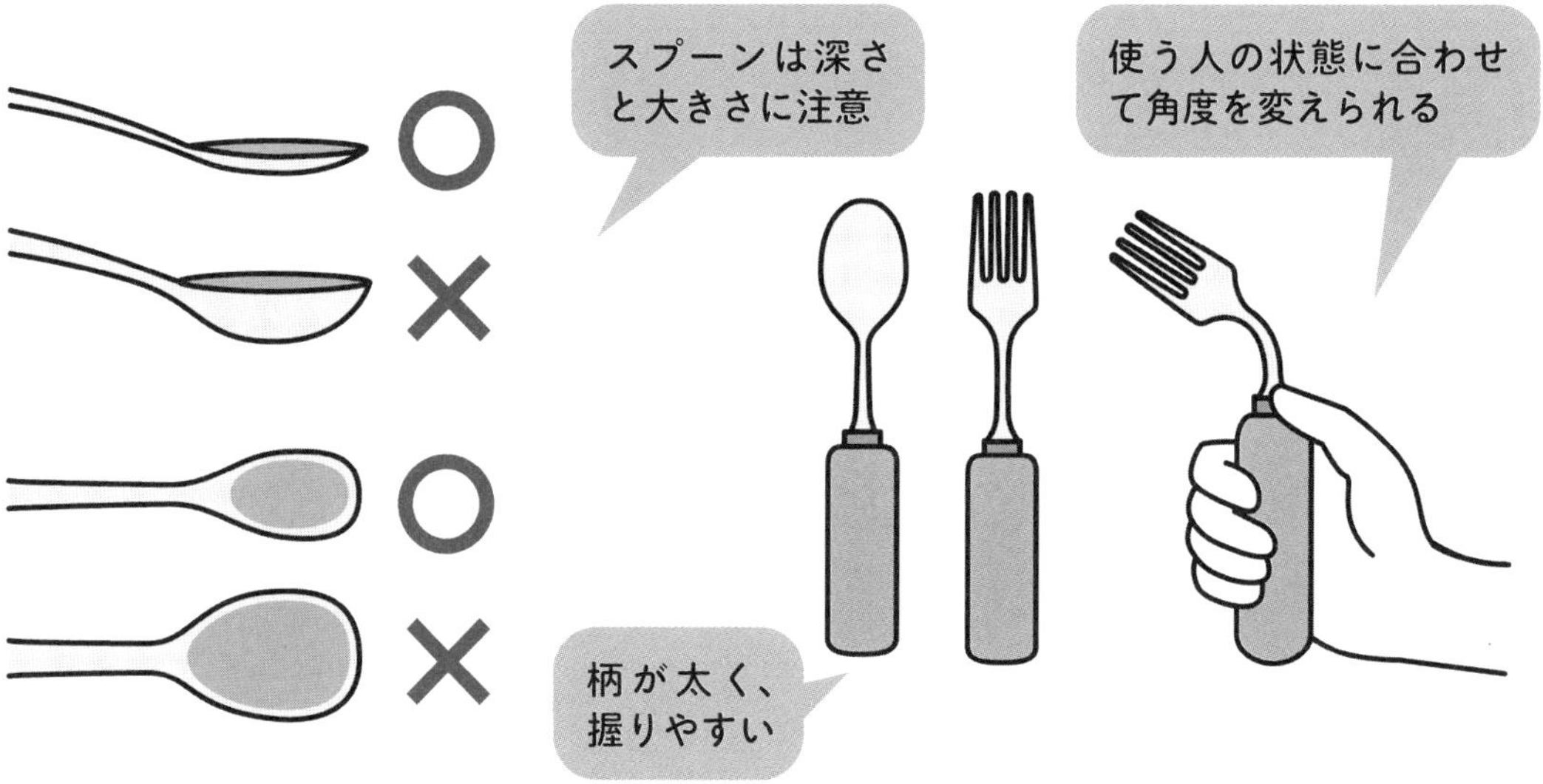

プレート

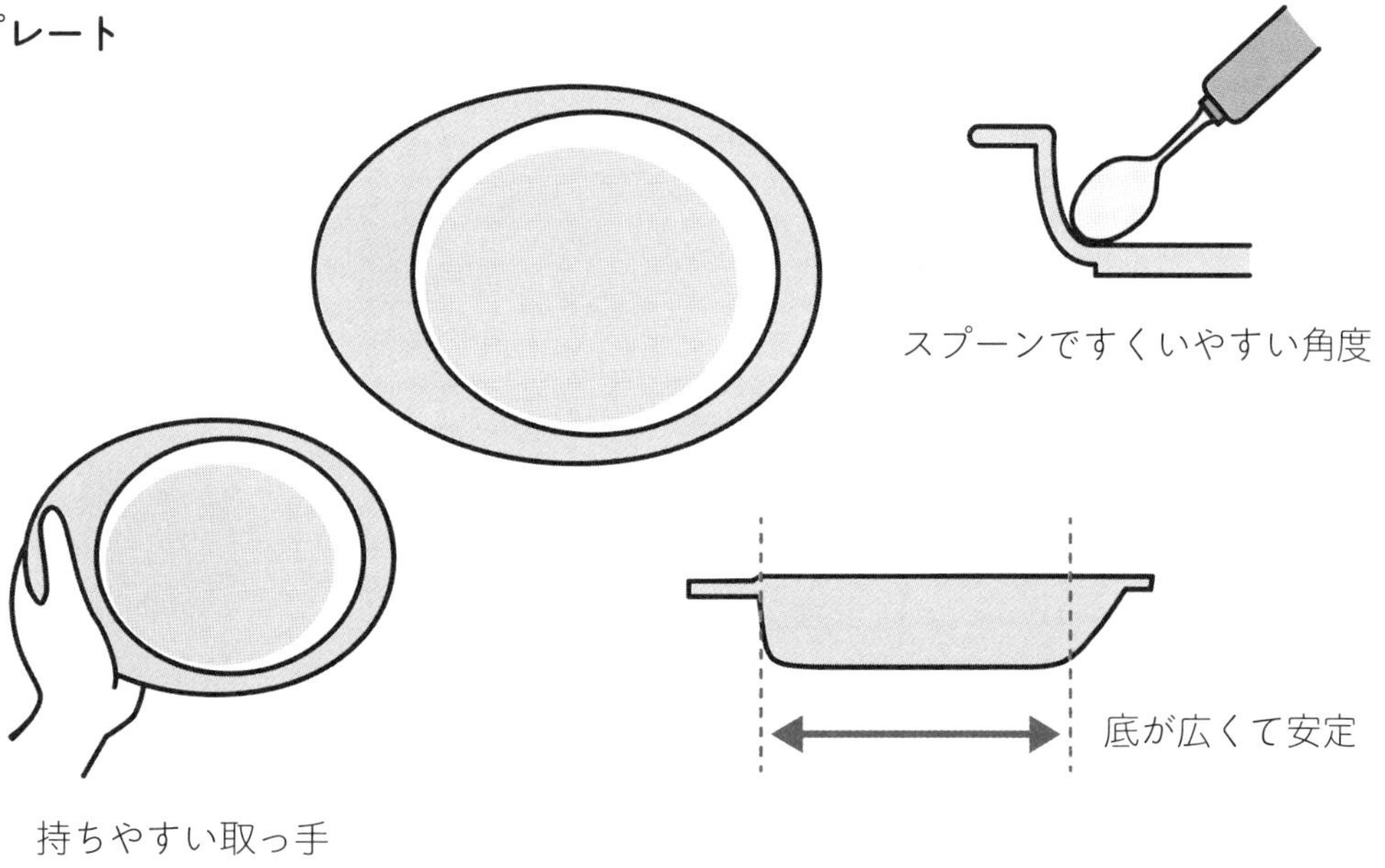

専門職への相談

5 食べるときの困り事は、リハビリの専門職に聞いてみよう

- 日常の動作や機能回復に関する疑問は専門家に相談
- 安全に食べるための姿勢のアドバイスももらえる

様々なリハビリの専門職

介護保険のサービスには、セラピストが自宅に来てリハビリテーションをしてくれる訪問リハビリテーションがあります。

関わる専門職としては、聞く・話す・食べるに関わる**言語聴覚士**（Speech therapist：ST）、立つ・座るなどの基本動作や歩行練習などに関わる**理学療法士**（Physical therapist：PT）、着替え・入浴など日常生活の動作や仕事などの機能回復に関わる**作業療法士**（Occupational therapist：OT）などがいます。「食べること」に関する悩みについても、それぞれの専門家の立場から答えてくれるはずです。

どんなときに相談する？

例えば、「話をしても、モゴモゴと何を言っているかわからない」「食べるときに、よくむせる」といった場合は、言語聴覚士に相談してみましょう。言葉をハッキリと出したり、飲み込む力をキープするためのリハビリテーション、本人の状態に合った食形態などについてアドバイスしてくれるでしょう。

「トイレまで、どうやって連れて行けばいい？」「どの姿勢が本人にとって一番楽なのかわからない」「車椅子からすぐずり落ちそうになって困る」というときは、理学療法士に相談してみてください。ベッドから起こす、立つ、座る、歩く、回転するなど動作の方法や、車椅子の適切な座り方などを教えてくれたり、リハビリテーションをしてくれます。**食事中の**

専門職に相談できること

言語聴覚士（ST）

どんな資格？ 聴力や音声機能、言語機能の検査や訓練、摂食や嚥下障害の問題に対応

何を相談？
・モゴモゴと何を話しているのかわからない
・食事中によくむせる

理学療法士（PT）

どんな資格？ 運動療法や物理療法で日常生活の基本的動作の改善を図るほか、福祉用具選定、環境調整（住宅改修など）も行う

何を相談？
・トイレまでどうやって連れて行けばいい（移動介助）
・車椅子に座っているとすぐにずり落ちそうになる
・機能を維持するトレーニングを知りたい

作業療法士（OT）

どんな資格？ 諸機能の回復や維持を促す様々な作業活動（手芸や工作など）を通して治療・指導・援助を行う

何を相談？
・箸がうまく使えない
・着替えがうまくできない
・本人に合った食具が知りたい

姿勢に関する相談も理学療法士にするといいでしょう。

「箸がうまく使えない」「着替えがうまくできない」といった相談は、作業療法士に聞いてみるのがいいでしょう。食具を使うためのリハビリテーションを行ったり、本人に適した食具の選び方や日常生活での動作のリハビリテーションについてアドバイスをくれるはずです。

餅は餅屋。訪問リハビリやデイサービスで通う事業所でこうした専門職と関わる機会があれば、ささいな疑問でも聞いてみましょう。目からウロコの情報をもらえるかもしれませんよ。

COLUMN

COLUMN

リハビリセラピストは強い味方

私は時間があるときは、リハビリ室をのぞきに行くようにしています。そこでは、病室にいるときとはまた別の、驚くべき姿がたくさん見られるからです。例えば、病室のベッドでは寝たきりのように見えたのに、リハビリ室の平行棒につかまりながら歩いているときは一生懸命な顔つきで、まるで別人のようだったりします。

リハビリテーションの専門職とも、いろいろと相談します。PTさんとは、歩行できるようになった患者さんが歩く様子を見ながら「これだけ動き始めたら、もっと栄養アップですね」などと話しながら、食事内容の変更を検討。OTさんとは、患者さんが塗り絵や箸で細かい物をつまむ練習をしている場面で、「これなら食具を箸に変えても大丈夫ですか?」と相談したり、STさんとは、患者さんの日々の食事の様子の情報共有や言語に関することについて相談したりします。

どの専門職もプロの視点で、患者さんの本当の能力を引き出してくれますので、大いに頼りになります。

第4章

家庭でどこまでできる?
現実的な口腔ケア

1 口の中はどうなっている?

- 口の中はどこが欠けても不都合が生じる
- 口は鋭い感覚で身体を守っている

歯の本数を知っていますか?

みなさんは自分の歯の本数をご存じでしょうか? 成人の歯は通常、上下14本ずつで合計28本(親知らずを入れて32本)あります。前歯は主に噛み切る役目をしていて、糸切り歯(犬歯)から反対側の糸切り歯までが6本。それより奥は小臼歯と大臼歯、いわゆる噛み砕いて、すり潰す歯です。

上下の歯が噛み合うことで、食べものをとらえたり噛み切ったりしているので、一部の歯が抜けてしまったり、虫歯によって形が変わってしまうと、その仕組みがうまく働かなくなります。そのため、入れ歯やかぶせ物などで歯を再現して噛める状態にするわけです。

口の構造はどこも大事

私たちが何かものを食べるには、**「口の中だけの空間」を作ってその中で咀嚼**する必要があります。その空間は、天井となる口蓋、壁となる頬、出入り口となる唇によって囲まれ、筋肉の塊である舌が上下左右に動いて食べものをダイナミックに移動させ、歯ですり潰すのを手伝ったり、唾液を混ぜ込んだりして咀嚼が行われます。

例えば、何らかの病気によって口蓋の一部がなくなると、口の中の食べものが鼻のほうに行ってしまいます。あるいは、麻痺により頬の筋力が緩んでいたりすると、咀嚼中に歯の上からこぼれ落ちそうな食べものを押し返すことができず、頬の下のあたりに溜まりやすくなります。唇がうまく動かな

口の中の構造とケアのポイント

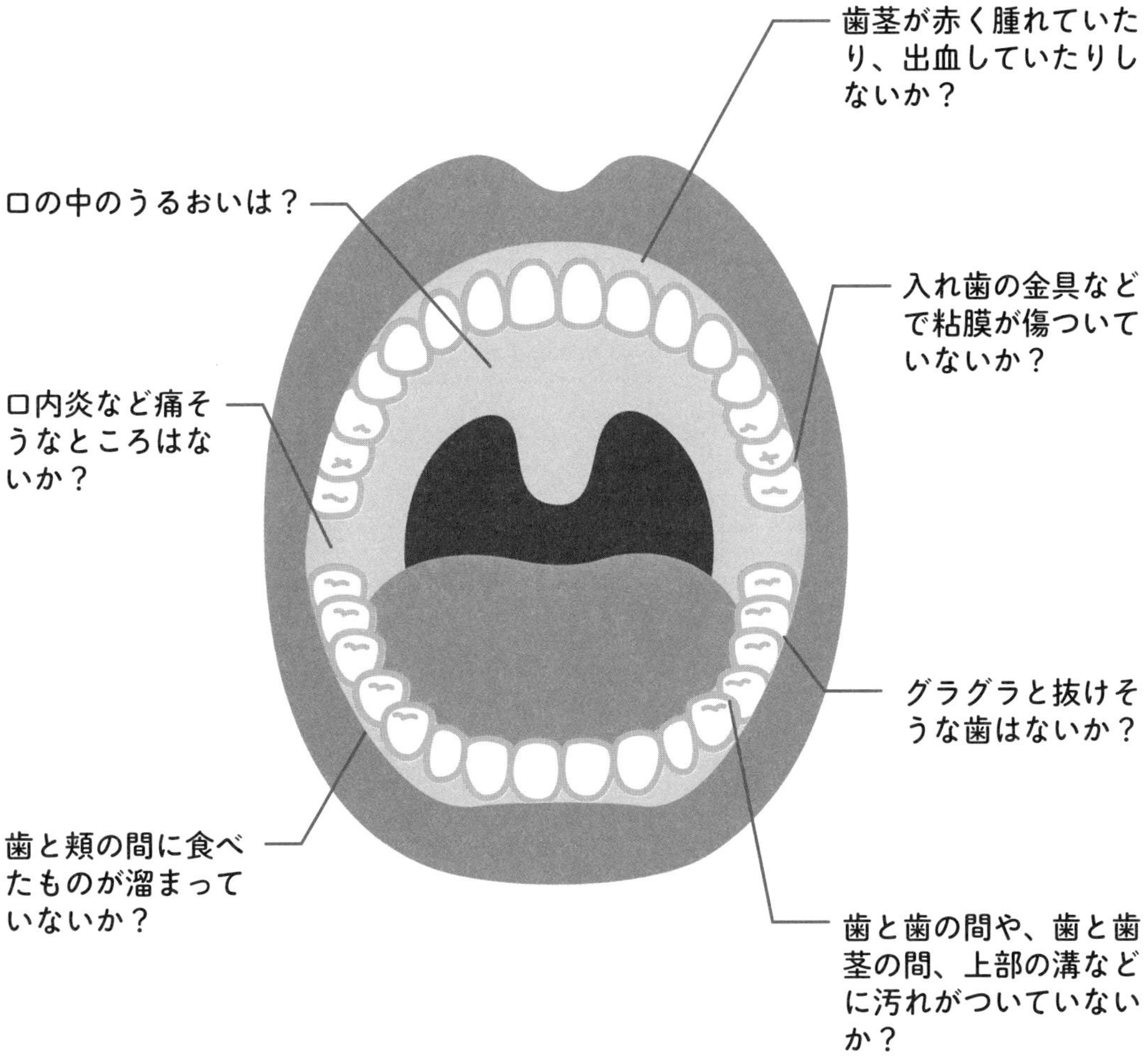
歯茎が赤く腫れていたり、出血していたりしないか？
口の中のうるおいは？
入れ歯の金具などで粘膜が傷ついていないか？
口内炎など痛そうなところはないか？
グラグラと抜けそうな歯はないか？
歯と頬の間に食べたものが溜まっていないか？
歯と歯の間や、歯と歯茎の間、上部の溝などに汚れがついていないか？

年齢のわりに歯がたくさん残っていたり、いろいろな治療が施されていたり、口の中の状態は人によって千差万別。そんなにじっくり見ることもないと思いますので、ケアの仕方の前に、口の中の構造や機能についてお話ししておきたいと思います。

ければ、空間をしっかりふさいでおけずに、食べたものが口から出てしまうことも。

このように、**口の構造はどこか一部でも失われたり、うまく動かなくなったりするだけで、それまで当たり前にできていた「食べること」が大変な作業になってしまう**のです。

口の感覚はどこよりも敏感

人間の指先の感覚は、非常に鋭いです。実は、それと同じかそれ以上に、口の中にも鋭い感覚が備わっているのをご存じでしょうか。

二点識別覚という皮膚感覚の鋭さを示す指標で、**舌先や唇は指先よりも敏感**だという報告があります。たしかに、髪の毛1本でも口の中に入るとすぐに気がつきますよね。

口の感覚は、特に前方ほど敏感です。なぜなら、口に入れた（もしくは入れようとしている）食べものの形、硬さ、なめらかさ、温度、味などをここで感じ、その性質から「食べても大丈夫なものか」「異物ではないか」を判断し、食べてよいものなら唾液を分泌して咀嚼を促す役目があるからです。

口の中を清潔にして、こうした様々な機能を維持することが、健康寿命を伸ばし、介護度の上昇を抑え、介護者の負担が増えるのを防ぐことにつながっていきます。

「3日前に作った煮物、まだ大丈夫かな……パクッ、うえっ、なんかグニャッとして酸っぱい！　ぺっぺっ！」という具合に、傷みかけた食べものを食べずにすむのも、口の前方の機能がガードマンのように頑張ってくれているおかげなのです。

2 自分の歯がなくなっても、入れ歯にすればいい？

●せんべいを噛んで感じる「パリッ！」は歯根膜のおかげ
●「食べる」ためには歯も筋肉も必要

口の中のどの部分が欠けても、機能が衰えても、食べたり話したりする上で不具合が起きるとおわかりいただけたかと思います。「歯がなくなったり、欠けたりしたなら、入れ歯やかぶせ物をすればいいじゃないか」と思われるかもしれません。たしかにそうなのですが、それだけでは「食事の美味しさ」や「安全性」は半減してしまうのです。

鋭いセンサーの歯根膜

歯根膜——表舞台に立つ存在ではないので、聞いたことがない人も多いかもしれません。歯根と歯槽骨（歯が植わっている顎の骨）の間を結び付けているコラーゲン繊維のことで、歯の根を支えるとともに、噛んだり、歯を食いしばったりしたときにかかる力を吸収し、その圧が直接歯槽骨に伝わるのを和らげる働きをしています。

歯根膜は、私たちが歯や顎を痛めたりしないように見守ってくれているセンサーのようなもので、まさに縁の下の力持ちです。

歯根膜は、噛んだときの圧や歯

歯根膜

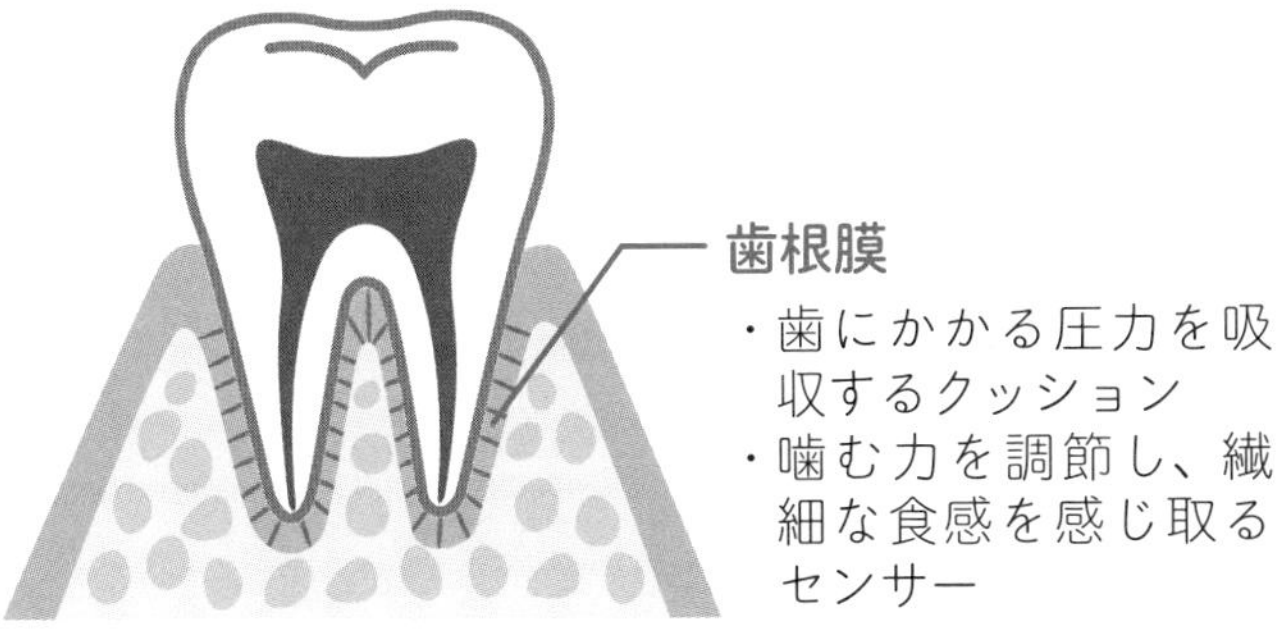
歯根膜
・歯にかかる圧力を吸収するクッション
・噛む力を調節し、繊細な食感を感じ取るセンサーの揺れ具合を感じ取り、例えば**おせんべいを食べたときの「パリッ」という食感も歯根膜に伝わって感じます。**

歯や支える骨がなくなれば歯根膜も消える運命

食感によって美味しさを感じたり、クッションや危険信号を察知する役割を担う歯根膜ですが、**歯がなくなったり歯周病で歯槽骨が溶けたりすると、歯と歯槽骨の間にある歯根膜もなくなってしまいます。**

歯根膜がなくなれば、噛む力を調節するセンサーもなくなるので、うまく噛むことができません。また、おせんべいの「パリッ」やアップルパイの「サクッ」も感じにくくなります。咀嚼するときに得られる食感は「美味しさ」の多くの部分を占めているので、**食べる楽しみが減ることにもつながります。**圧力を感じるセンサーは歯茎にもありますが、歯根膜ほど繊細ではないので食感はやはり鈍くなります。

食べるのに必要なのは歯と筋肉

また、自分の歯でも入れ歯でも、歯さえあれば食べられるのかというと、そうでもありません。スキー、テニス、野球など、道具を使うスポーツでは、選手は道具を最大限に使いこなすために自身の身体も鍛えます。もちろん、道具のメンテナンスも欠かしません。

咀嚼も同じで、歯という道具があるだけでは食べることはできません。食べものを取り込む唇（口輪筋）、口の中で食べものを動かしたり唾液を混ぜ込む舌（舌筋）、歯に乗った食べものをこぼれ落ちないようキープする頬（頬筋）、顎を動かす（咀嚼筋）など、すべて**筋肉の働きがあってはじめて「食べる」ことが可能**になります。

ですから、美味しい食事を続けるためには、**歯の健康を守るだけでなく、口周りの筋力を維持することも必要**です。

料理の中に小石や魚の小骨のような硬い異物が混じっていて、知らずに口に入れて噛んでしまったとき、「モグモグ……ガリッ！……ガバッ！」ととっさに口を開けた経験はありませんか？　これは、歯根膜が「これ以上強く噛んだら、歯が壊れるぞ！」と察知して反射的に顎を開ける指令を出すからです。

3 口腔ケアの方法 ～セルフケアができる場合～

- 歯は歯ブラシでこすらないと汚れが取れない
- 「どこを磨いているか」を意識しながら磨く

大人の歯磨きってどうするの？

お子さんのいる家庭では、子どもの歯磨きをしてあげた経験がある人も多いでしょう。では、「大人の歯磨き」はどうでしょうか。高齢期の健康を維持するためにも、介護度がなるべく上がらないようにするためにも、口の中全体を清潔に保つ「口腔ケア」は重要です。

しかし、介護者が具体的に何をすればいいのかについては、あまり周知されていません。そもそも、大人の歯磨きの手伝いも、歯磨きをしてあげることも、経験がない人が多いのではないでしょうか。

ここでは、歯磨きだけでなく口の中全体を清掃する「口腔ケア」の方法について紹介します。

ケアは「なぜそうするのか？」という目的が明確になっていると、効率よく行えます。そこで、まずは自分自身でケアできる人の口腔ケアから説明したいと思います。それぞれの手順を「要介護の人に行うときは、どうするのか？」という視点で見るとよりわかりやすいでしょう。

歯の汚れには歯ブラシが最適

お口のケアの基本は、歯ブラシで歯を磨くことです。歯ブラシの毛が当たったところしか、汚れは落とせません。自分の歯が少なく、ほぼ入れ歯になっているような高齢者に対して、歯ブラシを使わずにスポンジブラシで口の中をこすって終わり、というケアをしている人が少なくありませんが、

歯が1本でも残っている場合は、歯ブラシを使って磨きましょう。

歯科医院などで指導を受けたことがあるかもしれませんが、歯磨きのポイントは、**優しく、小刻みに歯ブラシを動かす**こと。そして、**「どこを磨くのか」を意識しながら磨く**ことです。

歯の汚れは表面だけでなく、歯と歯茎の境目や奥歯の溝に溜まりやすいので、その場所を狙って歯ブラシの毛先を当てるようにします。「右下の奥歯→下の前歯→左下の奥歯→左上の奥歯→上の前歯→右上の奥歯」と順番に移動しながら、小刻みに、歯と歯茎の境目を中心にブラッシングすればしっかり磨けるでしょう。

歯が磨けたら、舌の汚れも落としましょう。舌用のブラシで奥から手前にやさしくなでながら、表面の凹凸にたまった汚れを取ります。歯ブラシを少し寝かせた状態で、奥から手前にやさしく動かす方法でもかまいません。

歯磨きの基本

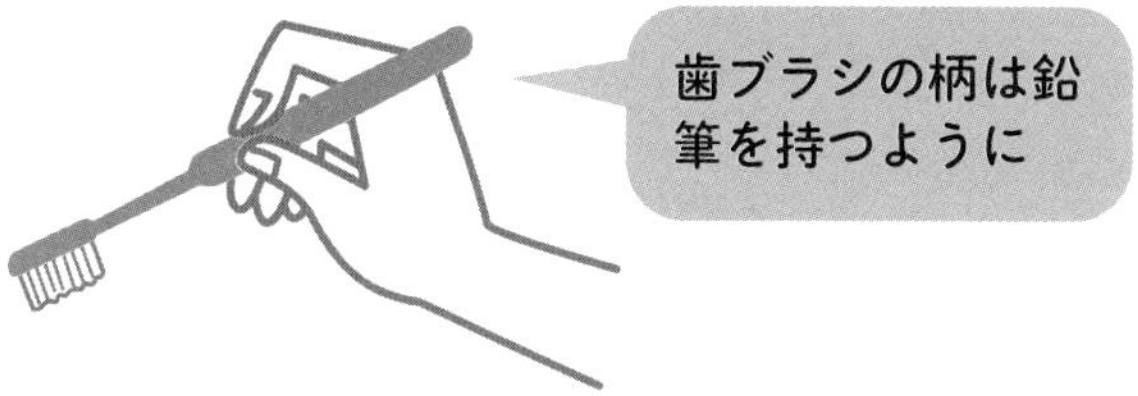

麻痺などの影響で歯ブラシをうまく持てない、動かせない場合は、電動歯ブラシの利用もおすすめ（ただし、説明書で使い方をよく確認すること）

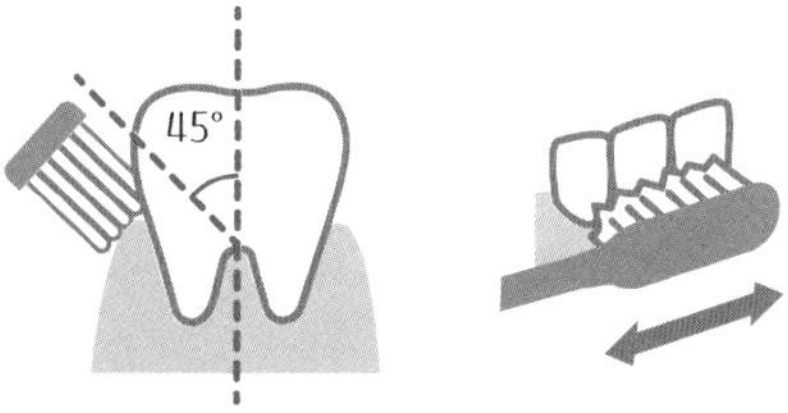

歯ブラシは45度の角度で当て、歯2本分くらいを目安に小刻みに動かす

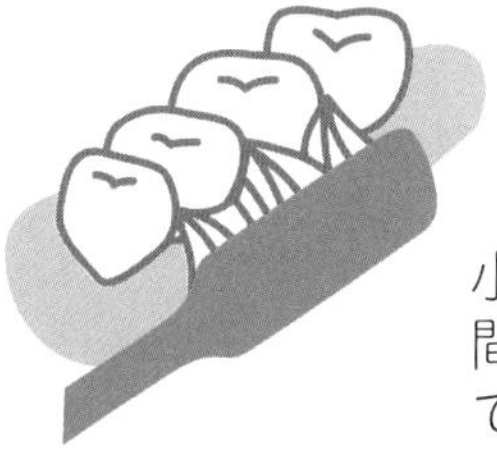

小刻み動かすと、歯と歯の間にブラシの毛が入り込んで汚れをかき出せる

適当に歯ブラシを動かすだけでは、必ず磨き残しが出てしまいます。「どこを磨いているのか」を意識しましょう。上下の歯を一度に磨こうとするのもNGです。

ブラシをあてる位置によってはオエッと吐き気をもよおすことがあるのでほどほどに

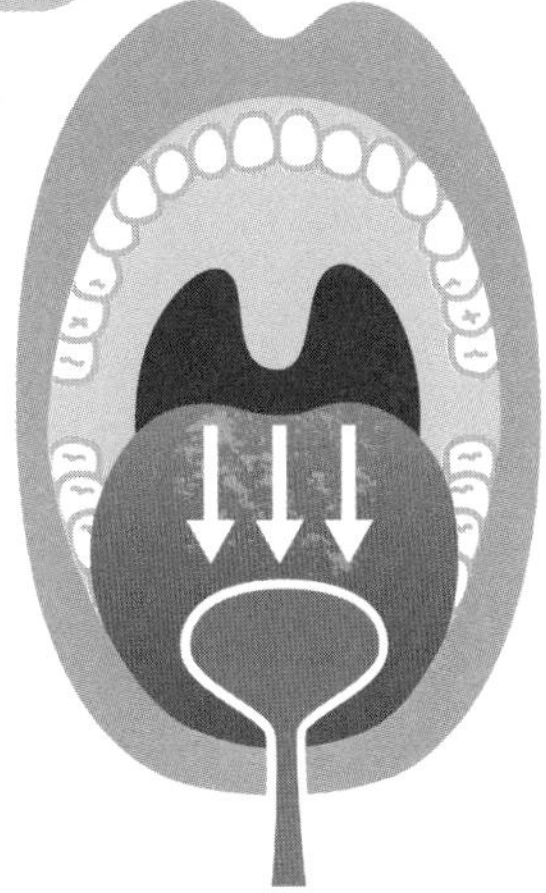

舌のケア

舌ブラシや歯ブラシを舌の奥にあて、そのままやさしく手前に引く（強くこすらない）。ブラシで舌に溜まった汚れ（舌苔）がこすり落とされる

磨く順番

歯ブラシを動かす順番を決めて、磨き残しがないようにする。鏡を見ながら磨くと、より的確に歯ブラシを当てられる

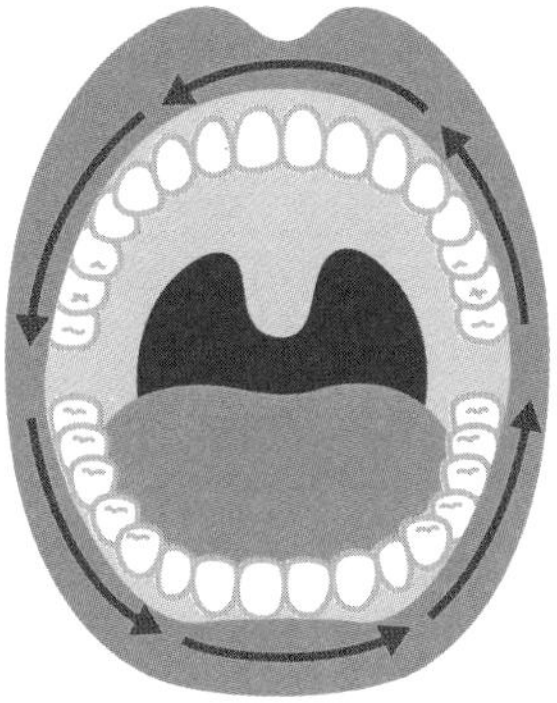

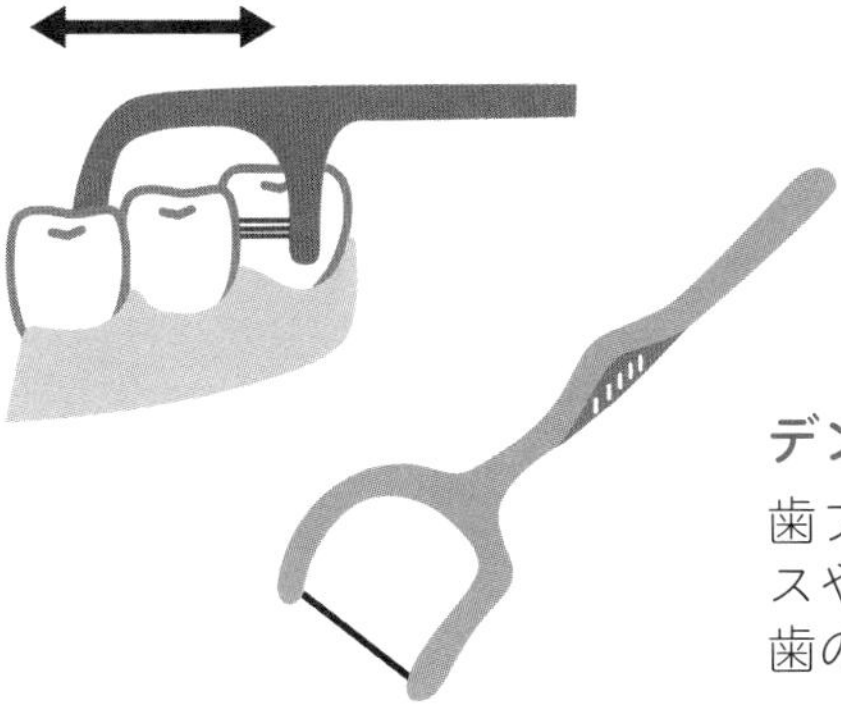

デンタルフロス

歯ブラシの後に、デンタルフロスや歯間ブラシも使うと、歯と歯の間に残った汚れが取れる

子どもが泥だらけの靴で帰ってきて、玄関も泥だらけ……。そんな玄関を水で流したり、やわらかいスポンジでこするだけでは、なかなか汚れが取れませんよね。デッキブラシなどを使ってこすり、最後に水で流して掃除するのではないでしょうか。歯磨きも同じで、硬い歯はブラシでこすって機械的に洗浄しなければ、汚れがきちんと取れません。

口腔ケア

4 口腔ケアの方法 〜介護度が高い人の場合〜

- 安全にケアできる姿勢を確保して、口の中をチェック
- 歯磨き前の保湿も大事。汚れはしっかり口の外に出す

手早く、安全にケア

自分で洗面所に行って歯磨きができない人の場合、多くはベッド上でケアをすることになるでしょう。しかし、私たちが寝ながら歯磨きをすることがないように、ベッドで行う口腔ケアは通常の状況ではないので、**手早く、危険がないように実施する工夫やコツ**が求められます。

ケアする人、される人の状況に合わせて必要な道具を用意します。例えば、ベッド上でも起き上がって自分で歯磨きができる人なら、洗面器や桶などを用意してブクブクうがいができる環境を整えます。背中を起こし、食事のときと同様にクッションなどを使って身体を安定させましょう。

自身での歯磨きが難しい人の場合は、ケアをする人から口の中がよく見えて、ケアの最中に汚い水を飲んでしまわないような姿勢を整えます。**まっすぐ正面を向いた状態でベッドを30度以上に上げ、首の角度を少しうなずくようにし**ましょう。こうすると、ケア中に口の中の水が喉に流れ込みにくくなります。

明るい環境のほうが口の中を確認しやすいので、**可能ならライトで照らす**といいですね。

ケアの前に口の中をチェック

ケアを始めるときは、「これから歯ブラシですよ」「口をサッパリさせましょうか」などと声をかけながら、姿勢をゆっくりと起こしていきます。その際、本人の様子を見ながら、「しっかりと目が覚めているか」「自分で口を開け

用意する道具

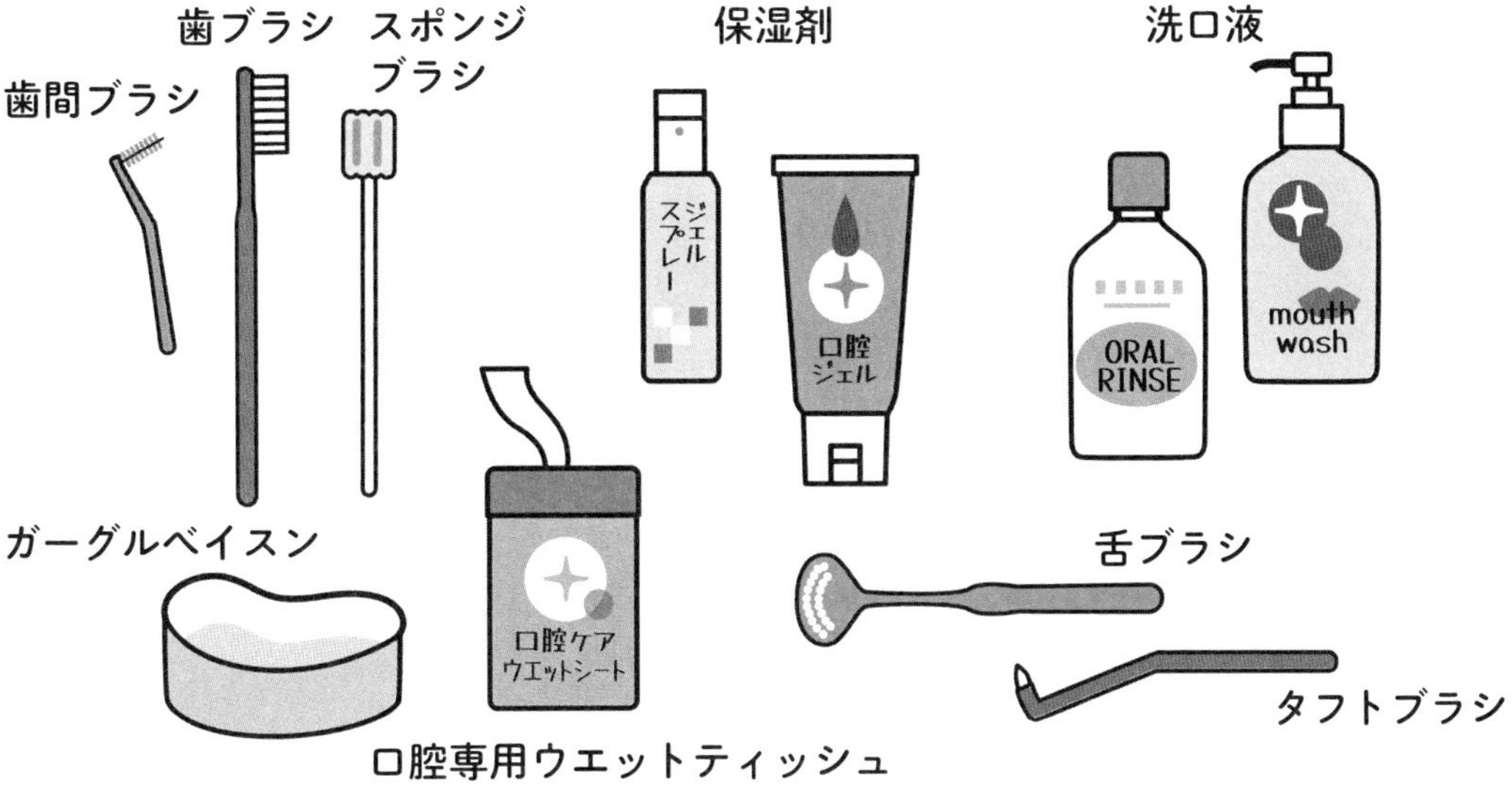

歯ブラシ
スポンジブラシ
歯間ブラシ
保湿剤
ジェルスプレー
口腔ジェル
洗口液
ORAL RINSE
mouth wash
ガーグルベイスン
口腔ケアウエットシート
舌ブラシ
タフトブラシ
口腔専用ウエットティッシュ

舌ブラシやタフトブラシは便利ですが、歯ブラシや歯間ブラシがあれば事足りるので、用意しなくてもかまいません。ガーグルベイスンは、カーブした洗面器のようなもので、うがい受けに使う道具です。取っ手が付いて持ちやすいタイプなどもあります。

られるか」など身体の反応も確認するとよいでしょう。

姿勢を整えたらすぐに歯ブラシ……ではなく、**まずは口の中を観察**。どの部分に汚れが多いか、入れ歯があたって痛そうなところはないかなど、ザッと確認しておくとケアの効率もよくなります。

毎回、口の中をじっくりと見るのは大変かもしれませんが、**1日1回は見るようにして、口の汚れだけではなく、変化がないかを確認**しておくと安心です。習慣になると、「昨日はなかった赤みができている」といった変化に気づきやすく、食べる量が減った原因などを考えたり、訪問歯科の先生に診てもらう際の有益な情報となります。

粘膜もケアして乾燥を防ぐ

口の中を確認したら、水や保湿剤で粘膜を全体的に湿らせます。口腔ケアというと歯磨きをイメージするかもしれませんが、**歯茎や舌、頬の内側などの粘膜のケアも大切**です。

口が乾いていたり、口を開けたまま寝たために乾燥した汚れがこびりついているような場合は、まずは保湿剤などを使って口の中をマッサージしてみましょう。**歯茎は人差し指でくるくると円を描くように奥から手前へ、頬も外側に大きく張らせるよう指を上下に動かしてマッサージ**します。

やさしくマッサージしていると、唾液が出てきて口の中が潤ってきます。たまった唾液は拭き取りながら、スポンジブラシや口腔専用ウエットティッシュ、ガーゼなどで粘膜の汚れを落とします。

「汚れを集めて除去」がケアのキモ

自分の歯がある人なら、歯ブラシを使って歯磨きをします。食べかすやプラークなどを歯ブラシやスポンジブラシでこすり取ると、ひとかたまりになっていた細菌が口の中全体に散らばります。その状態のままでは、唾液や食べものに細菌がたくさん混ざり、それを飲み込む際に誤って肺に入れば誤嚥性肺炎の原因となります。

汚れはきちんと集めて、身体の外に出さなければなりません。だから、私たちは歯磨きの最後に口をすすぐのです。本人ができる場合は、ブクブクうがいをして吐き出してもらいましょう。

うがいが難しい人の場合は、**水分を絞ったスポンジブラシや口腔専用ウエットティッシュなどで拭**って汚れを外に出します。**奥から手前方向に掻き出すように拭き取り**ましょう。これでケアは終了。

なお、指を舌の上や口の奥に入れると、反射的に噛まれることがあります。**スポンジブラシや歯ブラシに口腔専用ウエットティッシュやガーゼを巻き付けたもの**で拭き取ると、ケアをする人が怪我をするのを防げます。

第1章でも述べましたが、口の中の細菌は夜間にグッと増えるという報告があります。口腔ケアをするのは1日1回が限界という場合は、夕食後や寝る前に行うようにしましょう。

時々、肉や野菜がまったく噛めずに口の中に残っているのを発見して、びっくりすることもあります。しかし、これは「本人にとって食べやすい食事かどうか？」を確認するポイントにもなります。

まずは口の中をチェック

口の中は暗いので、ペンライトなどを使うと観察しやすい

口のマッサージ

①唇を軽くつまむ

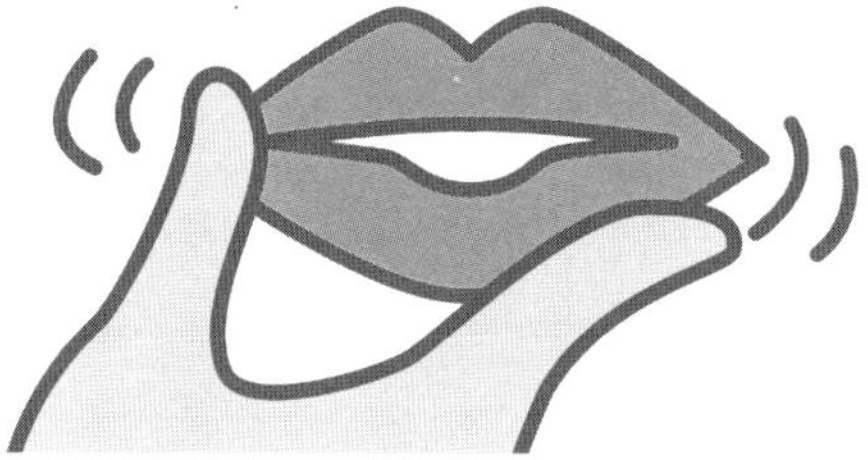

②口角から指を入れて、上の歯に沿いながら奥まで進む

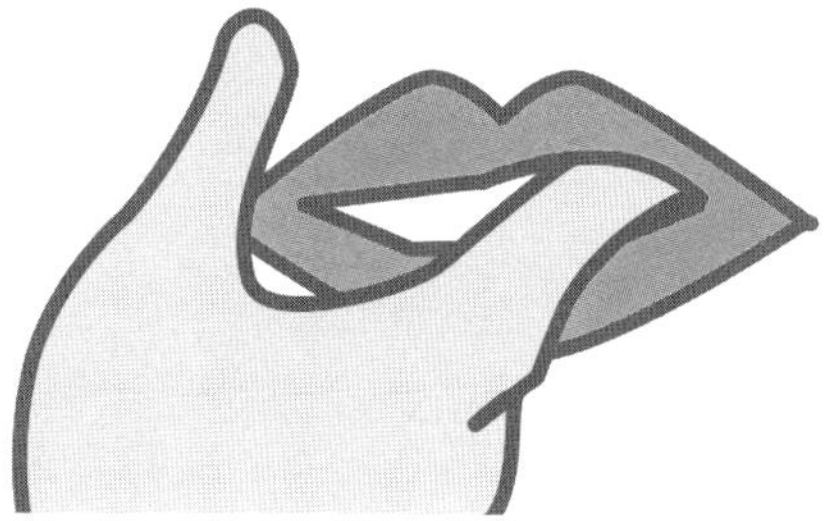

③上下の歯茎を指で円を描くようにマッサージ

④頬側に指をあてて、上下に動かしながらマッサージ

口の中の汚れの拭き取り方

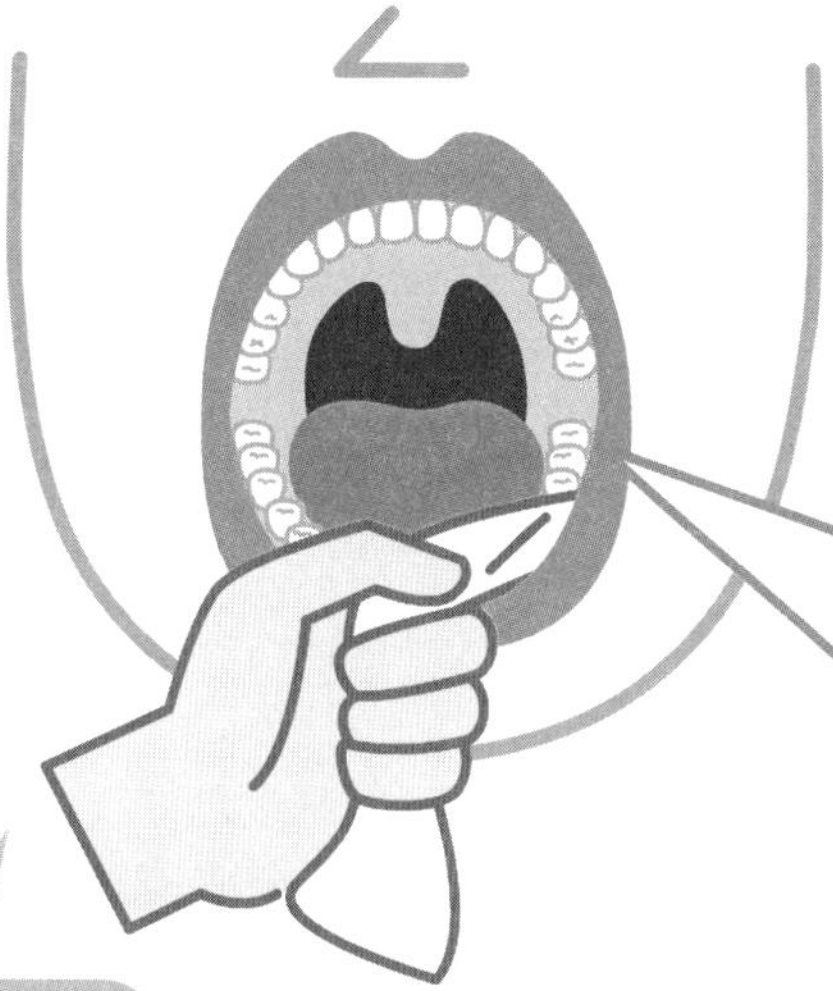

噛まれないように注意！

口腔専用のウエットティッシュを指に巻き付けて、口の中を拭き取る。スポンジブラシ（水にぬらして硬く絞る）を使ってもOK

拭き取る方向は「奥→手前」

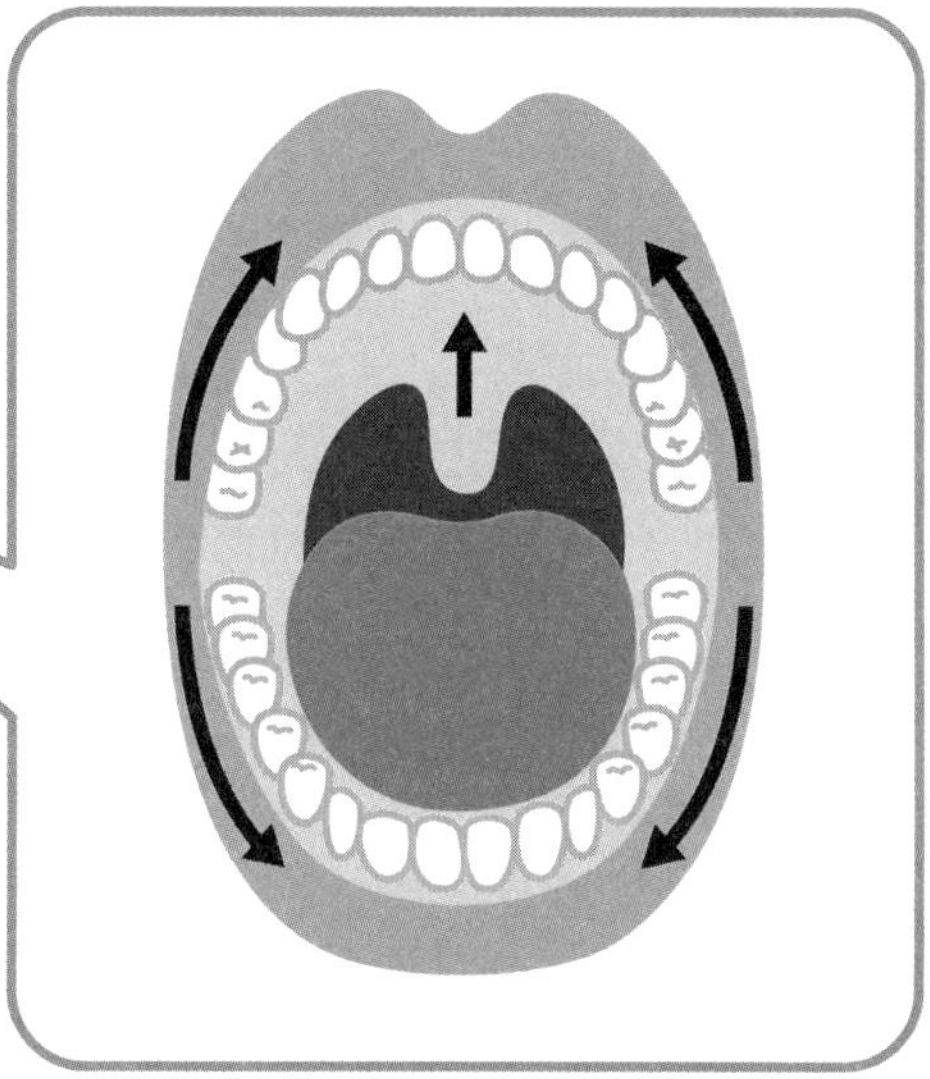

歯と頬の間を上下左右拭き取り、上顎も奥から手前に向かって拭き取る

できる人にはブクブクうがいですすいでもらう

歯磨きや舌のケアのやり方やポイントは、自分でケアをするときと同じです（90〜91ページ参照）

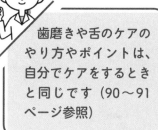

COLUMN

COLUMN

家庭での口腔ケア、みんなどのくらいやっている?

口腔ケアの重要性はわかるけれど、実践するとなると時間的・技術的・精神的にハードルが高い……という人もいらっしゃると思います。

口腔ケアがどの程度できるかというのは、ご家族ごとに様々です。超高齢の母親を介護されていた女性は、歯ブラシで磨くのは難しいので、スポンジブラシで毎日ケアをして、唾液の出具合などの様子をチェックして報告してくれていました。

また、家族は一生懸命やろうとするものの、本人がなかなか口を開けず十分にケアできないという家庭や、食事・身体介助で手一杯で「お口のケアまでは無理」という老老介護のお宅もありました。

介護は、本人の自立度と家庭の事情によって「できること」「できないこと」があります。口腔ケアは、もちろんやらないよりやったほうがいいです。ただ、それなりに準備や技術も必要ですから、「やらなくては!」と追い込まれてしまうなら、優先順位を下げる選択もやむをえません。ヘルパーさんにお願いする、訪問歯科でプロに任せると割り切ってもいいでしょう。それぞれの家庭に合った方法を見つけてください。

COLUMN

介助者が行う口腔ケアで歯磨き粉を使うのは難しい

虫歯になりにくい、歯を白くする、歯茎を引き締める……市販の歯磨き粉にはいろいろな目的の薬効がありますが、たいていは口の中をサッパリさせる、歯周病の予防などの目的で選んで使います。

ところが、介護度が高く自分で歯磨きをするのが難しい人にとっては、発泡するような歯磨き粉は安全上、使わなくてもよいものだったりします。口の中に入れるものですから歯磨き粉の安全性は配慮されていて、歯磨き中に少量飲み込む程度なら心配いりません。しかし、歯磨き後に自分でブクブクうがいをして泡を吐き出せないとなると話は変わります。

96ページで、ケア後のうがいができない人の場合は、介助者が口の中を拭き取って汚れを外に出すと説明ました。歯磨き粉を使った後は、口中に泡が広がっており、介助者がこれを集め、かつ飲み込ませないように注意しながら口の外に出すというのは至難の業です。

歯磨き粉は、介助者が行う場合の口腔ケアに必須ではありません。歯は歯ブラシでこすり、粘膜はスポンジブラシや口腔専用ウエットティッシュで拭き取ってケアして、口の中をキレイにしましょう。

5 本人がケアされるのを嫌がるときはどうしたらいい？

- 口の中を触られるのを嫌がるのは普通のこと
- 本人の意思を尊重しつつ、できる範囲でケアを

歯を気遣っていた人も…

以前、訪問診療でうかがった患者さんの話です。ご家族によると「本人はこれまでずっと歯を気遣っていて、月に1回は定期健診に行ってクリーニングしていた。認知症になった今でも、思い立てば夜中でも『歯ブラシ持ってきて！』とベッドで歯磨きをしている」とのこと。

「それは素晴らしい！」と思いながら話をうかがい、いざ本人の口の中を見てみると……たいていのことには動じない私も、思わずマスクの下で「うわっ！」と声が出てしまいました。歯茎は赤く腫れ、歯にはプラークがこびりつき、虫歯でボロボロの歯が目に飛び込んできたのです。

たしかに、これまで長い間、歯の健康チェックを怠らなかったことはうかがえました。悪くなった箇所がきちんと治療されていて、元気なときは歯磨きもしっかりされていたと思います。

しかし、認知症の影響で、意にそぐわないことがあると怒りだすなど、ご家族もなかなか口の中を触らせてもらえない状況。「しっかり歯磨きをする習慣があった人だし」と本人に任せていました。キレイだった口の中が、いつの間にかボロボロになってしまいました。

本人の意思を尊重しつつ仕上げ磨きも

この方の例のように、動作としては「磨いている」ように見えても、実際に「磨けていない（＝汚れを落とせていない）」ことは非

おロのケアのサポート

本人の意思を尊重しながら、歯磨きを促す。長年の習慣なので、認知症の人も歯ブラシを握ってもらうとそのまま磨きを始めることも

見守りながら、歯ブラシの動かし方、磨いている時間などもチェック

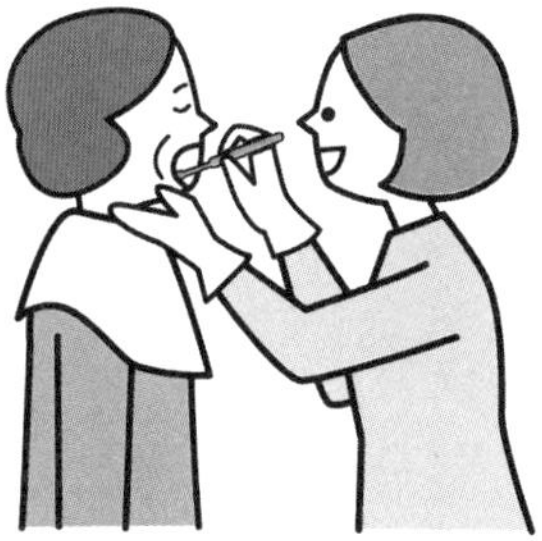

可能なら、磨き残しがないかチェックして、汚れが残っていたら仕上げ磨きも。毎回が難しければ、「就寝前のケアだけ」などできる範囲で

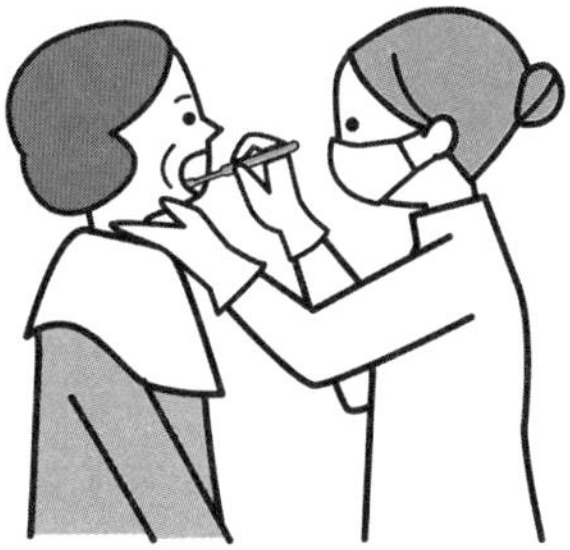

「仕上げ磨きまではできない」「本人が嫌がる」といった場合は、通院や訪問歯科でチェックを受け、ケアをしてもらう

常に多いです。自分である程度の動作ができる場合は、本人の意思を尊重しながらセルフケアをしていただき、**最後に汚れが残っていないか確認して、残っていれば介助者による仕上げ磨き**ができるといいですね。

「仕上げ磨きなんて無理！」という場合は、訪問歯科の先生に「現実的なケア」を相談してみてください。ちなみに、冒頭のご家族に介護サービスでの訪問歯科の介入を提案したところ、これまで通っていた歯科医院の訪問診療を受けられることに。長年の治療履歴などの情報を持っている歯科医師が来てくれるのは、かなりラッキーなケースだと思います。

6 入れ歯って、いつまで必要ですか？

●「入れ歯さえ作れば、また噛める」わけではない
●場合によっては、入れ歯を使わない選択も

入れ歯には練習が必要？

ある日、ナースステーションで座っているお年寄りが、まるで飴でもなめるような雰囲気で口をモゴモゴしているので、気になって話しかけてみると、自分の下の総入れ歯を舌で動かし続けていました。こんなふうに、長年入れ歯を使っていて、舌で外したり動かしたりするのが癖になっている人を、時々目にします。

歯は、食べたり、話したり、身体のバランスをとったりするためにも欠かせないもの。何らかの原因で自分の歯がなくなった場合は、通常、入れ歯などで補って、その機能をキープします。

入れ歯は自分の歯の代わりに入れる装具（義歯）ですから、義足や義手と同じです。義足をつけた人が、歩く練習を重ねて装具を自分の身体の一部としていくのと同じように、**義歯も使いこなせるように練習する必要があります。**

認知症の人の入れ歯

認知症が進んだ人のご家族から「食事ができないのは歯がないせいかもしれないので、新しい入れ歯を作ってほしい」と相談されることが時々あります。しかし、入れ歯作りには、本人に口を開けたり閉じたり、ちょうどよい位置で噛みしめてもらったりする工程があります。**歯科医師が指示する動作がしっかりとできないと、本人に合った入れ歯は作れない**のです。

どうにか作れたとしても、入れ歯を使いこなす練習は必須なので、認知症が進んだ人にはなかな

か難しいところがあります。また、慣れない入れ歯で食べ方がギクシャクして、かえって危険になる場面もあります。

　身体が健康で、何でも食べられる時期には、入れ歯が欠かせません。認知機能が低下してからも、「入れ歯を入れ歯として使える」人ならあったほうがいいでしょう。しかし、入れ歯や口の中のセルフケアが困難になり、本人の意識の中から入れ歯の存在が消えてしまう人もいます。さらに、入れ歯の適合が悪かったりすると、**「歯がなくても仕方ない」「入れ歯なしで食べたほうが安心」と変わっていく**こともあります。

あれ?! 入れ歯どこ行った?

　入れ歯がなくなって見つからず、よくよく調べたら実は本人が飲み込んでいたという事故は、まあまあ聞く話です。食べもの以外のものを飲み込んでしまう**誤飲は、「入れ歯の適合が悪い」「本人の認知機能の低下」という2つの条件が重なると起きやすくなります。**

　92ページで、「まずは口の中を確認しましょう」と書きましたが、これは「あるはずの入れ歯が、ちゃんと口の中にあるか?」のチェックをする意味もあります。

　入れ歯を飲み込んでしまった場合、喉のあたりにひっかかっていれば、口から取り出すこともありますが、お腹のあたりまで進んでいたら、お尻から出るのを待つか、開腹手術で取り出すしかありません。

　小さな入れ歯だけでなく、歯のかぶせ物や下顎の総入れ歯などでも、飲み込んだ症例が報告されて

入れ歯をつけた人が食べにくいもの

形態	食品例	食べにくい理由
薄い	レタス	歯でとらえにくい
細かい	炒り卵	歯でとらえにくい
硬い	せんべい	噛むときに力をかけにくい
繊維が強い	小松菜の軸	噛み切りにくい、すり切りにくい
滑る	こんにゃく	歯でとらえにくい

総義歯（総入れ歯）の咀嚼効率は、天然歯（自分の歯）の30%といわれます。義歯があれば何でも食べられるわけではなく、義足や義手のように「使いこなす」必要があります。

います。**入れ歯を使っている場合は、その所在をちゃんと確認**しておきましょう。

寝るときは外す？ つけたまま？

総入れ歯のように口の中に占める面積が広い入れ歯をずっとはめているのは、革靴を長時間履き続けているのと同じようなもの。靴を脱いで、足の指をグーパーさせて解放してあげたくなるように、入れ歯も外して粘膜を休ませてあげたいものです。

ですから、**夜寝るときは入れ歯を外して口のケアと一緒に手入れをし、キレイな状態で水や入れ歯洗浄剤につけて保存**しておくのが基本。しかし、夜中に大きな災害が起きて避難する際に入れ歯を持っていくのを忘れて困った経験から、就寝中もつけているという人もいらっしゃいます。「つけていないとどうしても不安」という人で、毎日キレイに洗って清潔にしていて、口の中に入れ歯による傷がないなら、はめて寝てもいいと思います。

しかし、毎食後に洗浄していない、口の中に入れ歯による傷や痛みがある、1歯分など非常に小さい入れ歯をしているという場合は、就寝時は外しましょう。夜間は口の中の細菌が増えやすいですし、**小さな入れ歯は就寝中に飲み込んでしまう可能性**もありますから。

事例

とある施設で「入れ歯が見つからない」という話に。「ティッシュに包んだまま、間違えて捨てちゃったかな？」「口の中には……もちろんないねぇ」——一緒に心当たりを捜してみますが、入れ歯は一向に見つかりません。

昨日から何だか元気もないし、入れ歯捜しは後にして、病院で診てもらおうか……と病院でレントゲンを撮ってみたら、ありました！　お腹の中に、入れ歯が。この方の場合は、お尻から出てくるまで適宜レントゲンで撮影しながら、その行く末を見守ることになり、無事にお尻から出すことができました。

入れ歯のケア

部分入れ歯の外し方

入れ歯のクラスプ（金具）に両手の指や爪をひっかけて取り外す

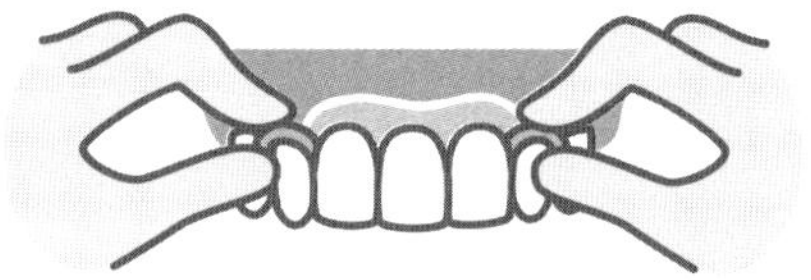

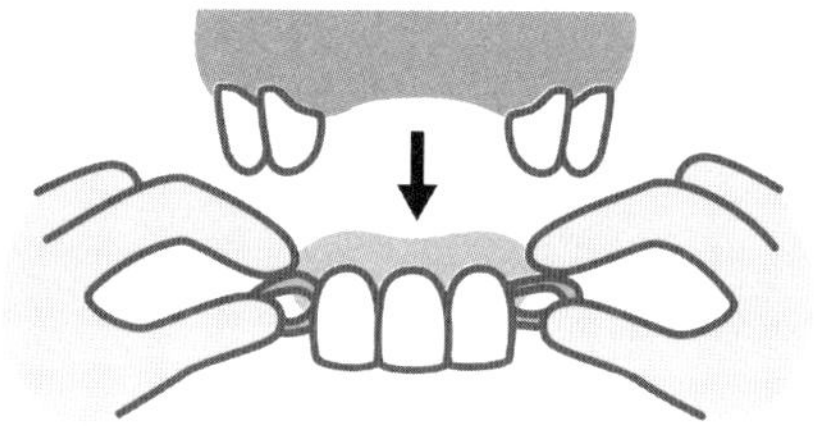

総入れ歯の外し方

前歯部分を持ち、奥のほうを浮かせて空気を入れるようにすると外しやすい

上

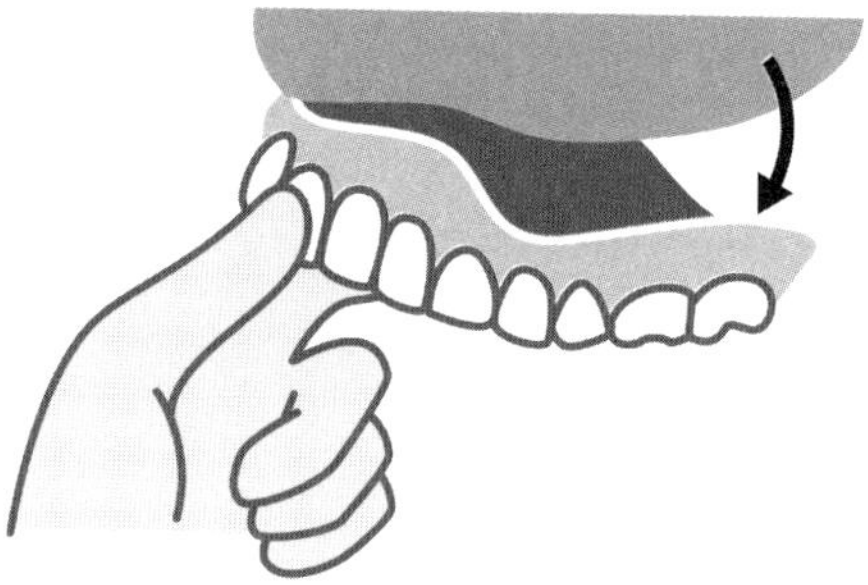

下

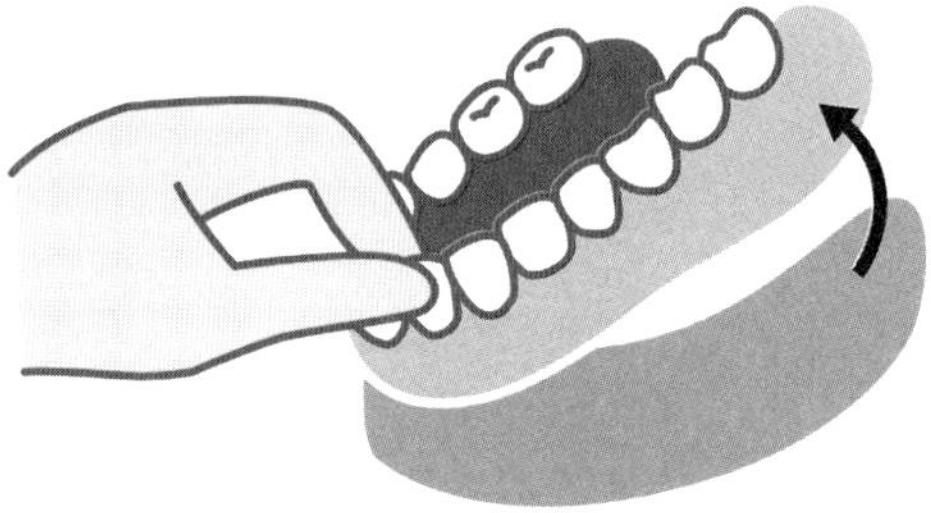

口の中に残った入れ歯安定剤があれば、口腔専用ウエットティッシュやガーゼで拭き取る

洗い方

通常の歯磨きと同じように、歯ブラシで磨いて汚れを取る。寝る前は、入れ歯洗浄剤につけておく

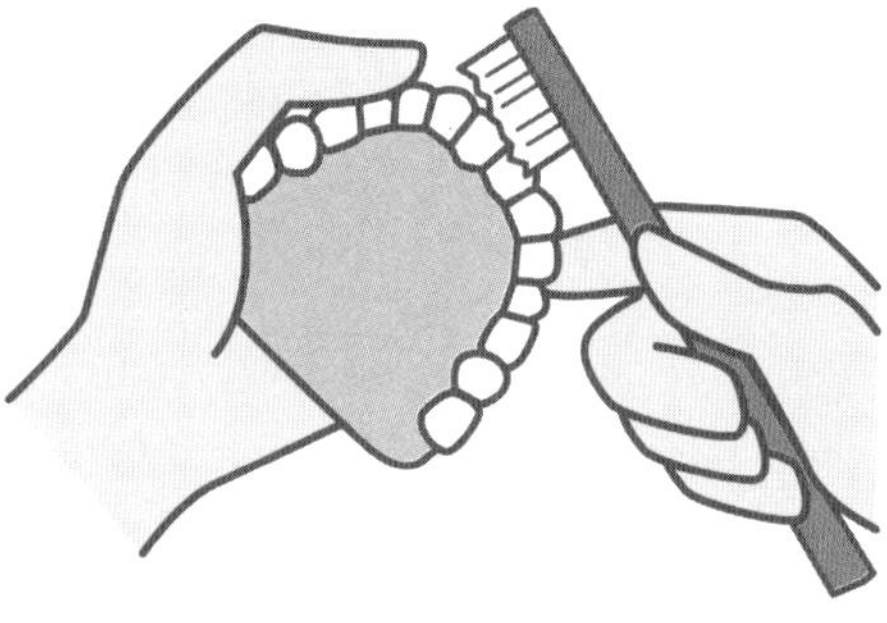

7 ステージ別に考える、歯のこと、ケアのこと

- セルフケアが難しくなったら考え方も変わる
- 食事や歯のトラブルが生じたら、通院や訪問歯科で相談

「8020運動」という言葉を聞いたことがあるでしょうか。平成元年に日本歯科医師会と厚生労働省から提唱された「80歳まで20本の歯を保とう」という運動です。**大体20本の歯が残っていれば、硬いものなども食べられる**とされています。

丈夫な歯が残ることは大切なことですが、「残す」ためにはしっかりとメンテナンスをする必要があります。毎日の歯磨きや定期健診が欠かせませんが、それを自分自身で行えなくなったらどうなるでしょうか？

長年、高齢者や要介護の方の口の中を診てきて、筆者なりに考えたのは、その人が**どのステージにいるかで、歯や入れ歯の存在意義、ケアの考え方を変えていく必要がある**ということです。

①セルフケア可能時期

自分でケアができるうちは、「口から食べること」が健康に与える影響を考えても、**歯や入れ歯はなくてはならないもの**といえます。しっかり噛んで、食べる楽しみを味わい、元気に過ごすことが第一です。

そして、口の中を清潔に保ち、マッサージ等で唾液を出して乾燥を防ぎ、筋トレなども行って「食べる力」をキープして、健康を維持できたら理想的です。

②セルフケアが何とか可能な時期

歯磨きや入れ歯の着脱は何とか自分でできるが、歯科医院に通うのは付き添いや送り迎えがないと難しいといった時期です。周囲の

サポート体勢にもよりますが、日常の行動に介助が必要になると、セルフケアにもどうしても行き届かない部分が出てきます。

健康な歯も入れ歯もあったほうがいいのは①の時期と同じです。ただし、**入れ歯に関しては、自身での管理や使いこなすことがおぼつかない場合は、介助者に管理してもらったり、着脱の手伝いをしてもらうことが必要**になります。

③介護が始まり、セルフケアも困難な時期

自分で歯磨きなどのケアをするのが難しくなってしまった時期です。この段階になると、口腔ケアは介助者が行うことになりますが、本人が「口を開ける」の意味がわからなくて口を開けない、ケア中に咬反射によって歯ブラシなどの道具を噛み込んで離さないなどの症状が見られて、ケアが進まない状況もあるでしょう。

適切なケアができないために、自分の歯が残っていても歯周病になってしまったり、食べかすなどの汚れがこびりついて、口の中の汚染状況を悪化させることもあります。

入れ歯も、本人が食事のときに使いこなせているなら問題ありませんが、舌で動かして外してしまう、食事中に外して食器の中に置いてしまうなど、**入れ歯として扱えなくなっていたら、「使用しないこと」を提案する場合もあります。**

訪問歯科を考える時期

①～③の時期にかかわらず、「入れ歯の具合が悪い」「歯磨きがなかなかできない」「どうしても口を開けてくれない」などの困り事や、「食事に時間がかかるようになった」「食べたがらなくなった」などの「食べること」のトラブルが出たときは、歯科医師に相談してみましょう。

自分で、あるいは介助者のサポートを受けて通える場合は通院して、通院が困難な場合は訪問歯科で診療が受けられます（訪問診療は自分で通院するのが困難な人が対象）。

介護保険を利用しているケースでは、ケアマネジャーの他、訪問医や訪問看護師なども介入していることが多いでしょう。まずは**ケアマネジャーに相談**して、来てもらえる歯科医院を探します。**かかりつけだった歯科医院に訪問診療をしてもらえる**こともありますので、そちらに相談してもよいでしょう。

ステージを考えるときのチェックポイント

〈自分の歯と義歯の考え方〉

①セルフケア可能時期

自分の歯や義歯は
なくてはならないもの

- □ 自分で歯科医院の予約・通院ができる
- □ 自分で毎日の歯磨きができる
- □ 義歯を自分で洗浄・管理できる
- □ 義歯の取り外しが自分でできる
- □ 食事のときに義歯を使って食べられる

↓

②セルフケアが何とか可能な時期

自分の歯はあったほうがいい
義歯は管理して使いこなせるならアリ

- □ 歯科医院の予約・通院をするのに助けが必要
- □ 自分で毎日の歯磨きをするが、磨き残しがあり不十分
- □ 義歯を自分で洗浄・管理するが、不十分で助けが必要
- □ 義歯の取り外しに時々助けがいる
- □ 食事のときに義歯を使って食べられる

↓

③セルフケア困難期

自分の歯はないほうがよい場合も
義歯は使いこなせるならアリ

- □ 自分で歯科医院の予約・通院ができない
- □ 自分で毎日の歯磨きができない
- □ 義歯を自分で洗浄・管理できない
- □ 義歯の取り外しが自分でできない
- □ 義歯はあるが食事のときに外してしまったり、適合が悪く使えていない

☑の数が多いところが今のステージであると考えることができます。

COLUMN

通えるうちにすませておきたい、歯の治療

「平成29（2017）年患者調査の概況」によると、高齢者の歯科の患者数（外来）は80歳を超えるとガクッと減っており、通院が難しくなる人が多いことがうかがえます。一方で、歯科診療所による在宅医療では、65歳以降に一気に増えています。口の中の健康は全身の健康につながりますから、通院が困難になっても必要に応じて訪問歯科を利用してほしいと思います。

ただし、訪問歯科では持参できる治療器具が限られ、歯科医院で治療を受けるほどよい環境（ライトやバキュームなどの機器がそろっている）ではありません。また、要介護の人は基礎疾患を抱えていたりするので、簡単な観血的処置（抜歯など血が出るような処置）でも難しい場合が多いです。

そのため、まだ元気で自分で歯科医院に通えるうちに、虫歯で大きく欠けた歯や、ぐらぐらと動いている歯などの治療をすませておくことは非常に大切です。このことも、ぜひ心にとめておいていただければと思います。

第5章

噛む・飲み込む力を高めて病気を予防

オーラルフレイル

1 全身の衰えは口から始まる?

- 口の衰えは食の多様性や摂取栄養素にも影響
- 高齢者にはたんぱく質が欠かせない

オーラルフレイル

歯があるだけではうまく食べられない、口周りの筋肉も重要であるということは、前にお話ししました。

さて、「フレイル」という言葉を耳にしたことはあるでしょうか？ フレイルとは、老化の過程における「健常」と「要介護状態」の中間の状態のことで、体重減少・疲労・筋力低下・歩行速度の低下・身体活動の低下をそれぞれ評価して判定されます。

歯科の現場にも、口の機能の衰えを意味する**「オーラルフレイル」**という言葉があります。口の動きが悪くなると、硬いものやたくさん噛む必要があるものなどが食べづらくなり、食事内容に制限が出てきます。食べる動作に気を取られて、家族や友人との会話が楽しめなくなったり、外食が億劫になったりして、運動する機会や社会と関わる機会も減っていく……という、負のスパイラルに陥る可能性があるのです。

食べにくいから食べない、食べやすいものだけ食べる

高齢者で「よく噛めるグループ」と「よく噛めないグループ」に分けて、それぞれがとっている栄養素の量がどのくらい違うかを調べたところ、**たんぱく質・脂質・鉄・ビタミンA・ビタミンC**で10％以上の差が見られました。食品では、**海藻・野菜・豆類・魚介類・肉類・種実類**の差が大きかったそうです。

たしかに、魚介類や肉類は噛み

にくい食品なので、歯が悪くなってきた人は避ける傾向があります。その代わりに米飯やパン、うどんなどの炭水化物は、噛みやすいのでよく食べられています。つまり、歯がなくなったり、口がうまく動かせなくなると、食べやすいものばかり選ぶことになり、**食の多様性が失われるとともに摂取する栄養素にも偏りが起きてしまう**ことになるのです。

予防に必要なのはたんぱく質

高齢の方に好きな食べものを聞いて、「とんかつ」「すきやき」などの肉類を答える人は、身体がしっかりしていて元気な印象です。実際に、これまでの調査でも、**「噛めないこと」がたんぱく質の摂取量を低下させる**ことがわかっています。口の動きはもちろん、身体を動かすためには筋肉が必要で、その材料となるのがたんぱく質ですから、納得の結果といえるでしょう。

肉や魚、卵、乳製品、豆・豆製品にはたんぱく質が豊富に含まれますが、同時に脂質やビタミン類・鉄などもとることができるので、年を重ねても積極的に食べたいですね。理想は朝・昼・夕とたんぱく質のおかずが何かしらあること。とはいえ、わざわざ「何かお肉や魚のメニューを入れないと！」とプレッシャーを感じる必要はありません。

ヨーグルトや卵、納豆、かつおぶし、コンビーフ、ツナ缶、魚の缶詰など、サッと用意できるものがあればそれでいいのです。

「噛むこと」と健康の関係

よく噛める人 は **よく噛めない人** よりも…

- たんぱく質・脂質・鉄・ビタミンA・ビタミンCの摂取量が多い
- 海藻・野菜・豆類・魚介類・肉類・種実類をより多く食べている

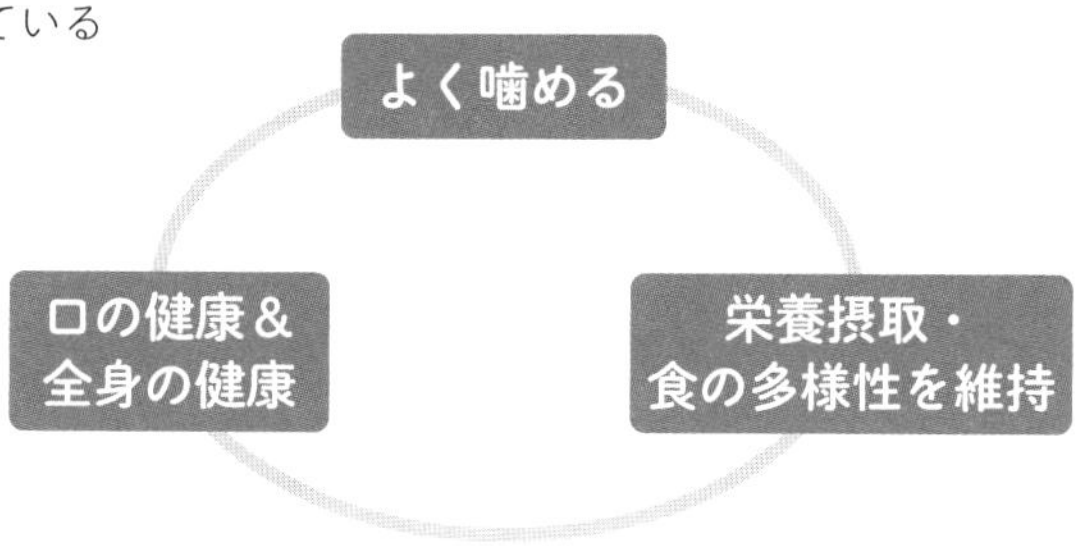

最近はスーパーやコンビニでも美味しいお惣菜が豊富で、「たんぱく質がとれる」と謳っているものもあります。そうしたものを活用してもいいでしょう。

2 食べる・しゃべる力を維持するエクササイズ

- 食べるとき、しゃべるときに必要な筋肉は同じ
- エクササイズを毎日の習慣に

私の友人で、とても元気なおばあ様がいらっしゃいます。その方が、「入居しているサービス付き高齢者向け住宅のレクリエーションで、パタカラ体操をやっている」と話してくれました。

パタカラ体操とは、代表的な口周りの運動の1つ。これを食事前などに行うと、口の動きがよくなるので、介護施設などで取り入れているところも多いです。ただ、いつも元気におしゃべりしている彼女には少し退屈な体操だったようで、「たまに『パタカラ、パタカラ……バカタレ！』って勝手にアレンジしてるのよ、私たち！」と笑いながら話す様子に、こちらも笑ってしまいました。

とはいえ、このパタカラ体操は発声する一音一音に意味があり、エクササイズとしても有効なので、そのやり方を簡単にご説明しましょう。

言葉を発することで得られる効果

口には「食べる」他に「しゃべる」という重要な役目があります。食べる動作では、唇で食べものを取り込み、口の中に空間を作って咀嚼し、飲み込める状態にしたら舌で喉のほうへ押し込んで飲み込みます。

食べものを取り込むには、しっかりと唇を閉じる必要がありますが、これは「パ」と発音するときも同じです。

口の中に空間を作るときは、唇をしっかりと閉じて舌の後方が上がって喉の入り口をふさぐ必要があり、これは「カ」と発音するときと同じ舌の形です。

パタカラ体操

①「パパパパパ」「タタタタタ」「カカカカカ」「ラララララ」とそれぞれ5回発音する
②「パタカラ、パタカラ、パタカラ…」と続けて5回発音する

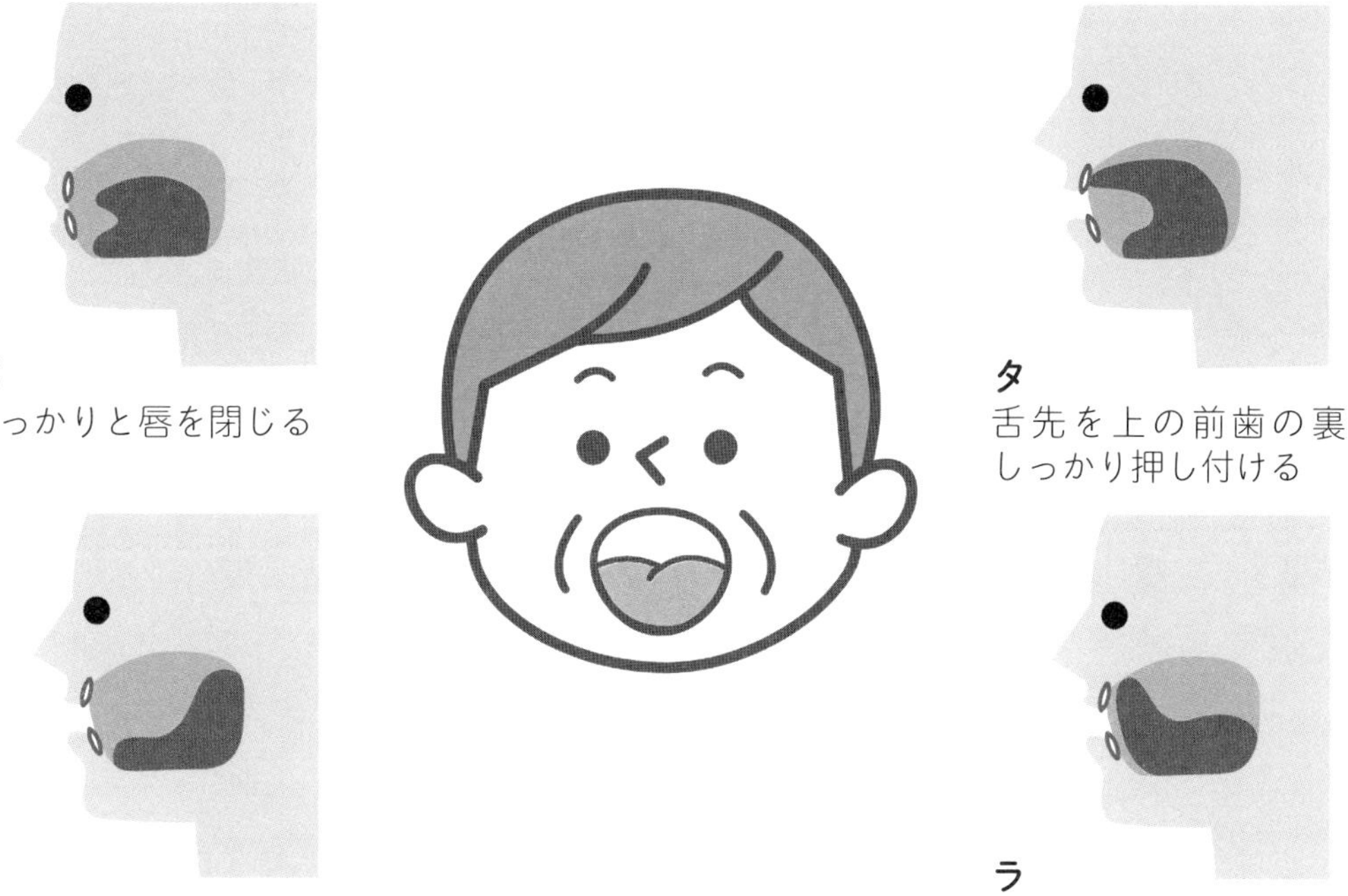

パ
しっかりと唇を閉じる

タ
舌先を上の前歯の裏にしっかり押し付ける

カ
舌の付け根に力を入れる

ラ
舌の先をしっかり上げる

飲み込むときには舌先を上の前歯の裏にグッと押しつけて、舌をうねらせながら喉のほうに送りますが、これらは「タ」「ラ」の発音と同じ動きです。食べものを噛むときに舌を自在に動かす際にもこの動きは重要です。

　つまり、**4つの発声をすることで、「食べる」「しゃべる」ための口の筋トレが同時にできる**というわけです。

微笑みも大事なエクササイズ

　やさしく微笑むように、口角がきゅっと上がった口元はステキですよね。でも、年を重ねると口角は下がり気味になります。

　口角が上がっているのは、頬の筋肉に張りがあるから。そして、頬に張りがあれば、咀嚼しているときに歯列の外側にこぼれ落ちそうな食べものを内側に押し戻すこ

「イー」と「ウー」で微笑みのエクササイズ

「少し大げさかな？」と思う
くらいにやるとちょうどいい
イー
ウー

「イー」と声を出しながら、
左右の口角を上げる

「ウー」と声を出しながら、ひょっとこの口のようにすぼめる

とができます。

例えば、脳卒中などで頬の筋肉がうまく動かなくなった人は、この「押し戻す」ができず、歯列と頬の間に食べものがたくさん残っていることが多いです。

エクササイズとしては、**「イー」と発音しながらニッコリ笑うように口角を上げた後に、「ウー」と発音しながら口をヒョットコのようにすぼませます。**この筋トレを習慣にすると、頬の張りをキープするのに役立つでしょう。

3 飲み込む力を維持するエクササイズ

- 飲み込む力は首周りの筋力が重要
- 体操ができない場合はマッサージでもＯＫ

「ゴックン」できるかどうかは筋肉が頼り

「肺炎にならないように喉を鍛える」という話を聞いたことがあるでしょうか。そうした内容の本も多数出ているので、ご存じの人も多いかもしれません。

食べものを飲み込むときに動くのが喉ですが、その**喉は筋肉によって支えられている部位**です。したがって、ゴックンと飲み込むためには、喉を上に引き上げる筋力が維持されていないといけません。

しっかり噛んで食べている人であれば、自然と喉を動かしているので特に問題ありませんが、日々の筋トレとして**「おでこ体操」**を取り入れてもいいと思います。

自分の手を額に当てて押し、頭はそれに対抗するように押し返すようにします。自分の手と頭でおしくらまんじゅうをするイメージです。やってみると、首周りの筋肉にグッと力が入るのがわかるでしょう。それが、喉の筋トレになります。

食べる力が落ちてきて、やわらか食などを導入するようになった人にも、おでこ体操は有効です。ぜひ、チャレンジしてみてください。

体操ができない人にはやさしくマッサージを

前述のパタカラ体操もおでこ体操も、ぜひ日々のトレーニングとして行ってほしいと思います。体操をやるのは難しいという場合は、１１７ページのようなマッサージでもかまいません。なるべ

おでこ体操

手をおでこにあてて押すと同時に、手を押し返すように頭を前に出す

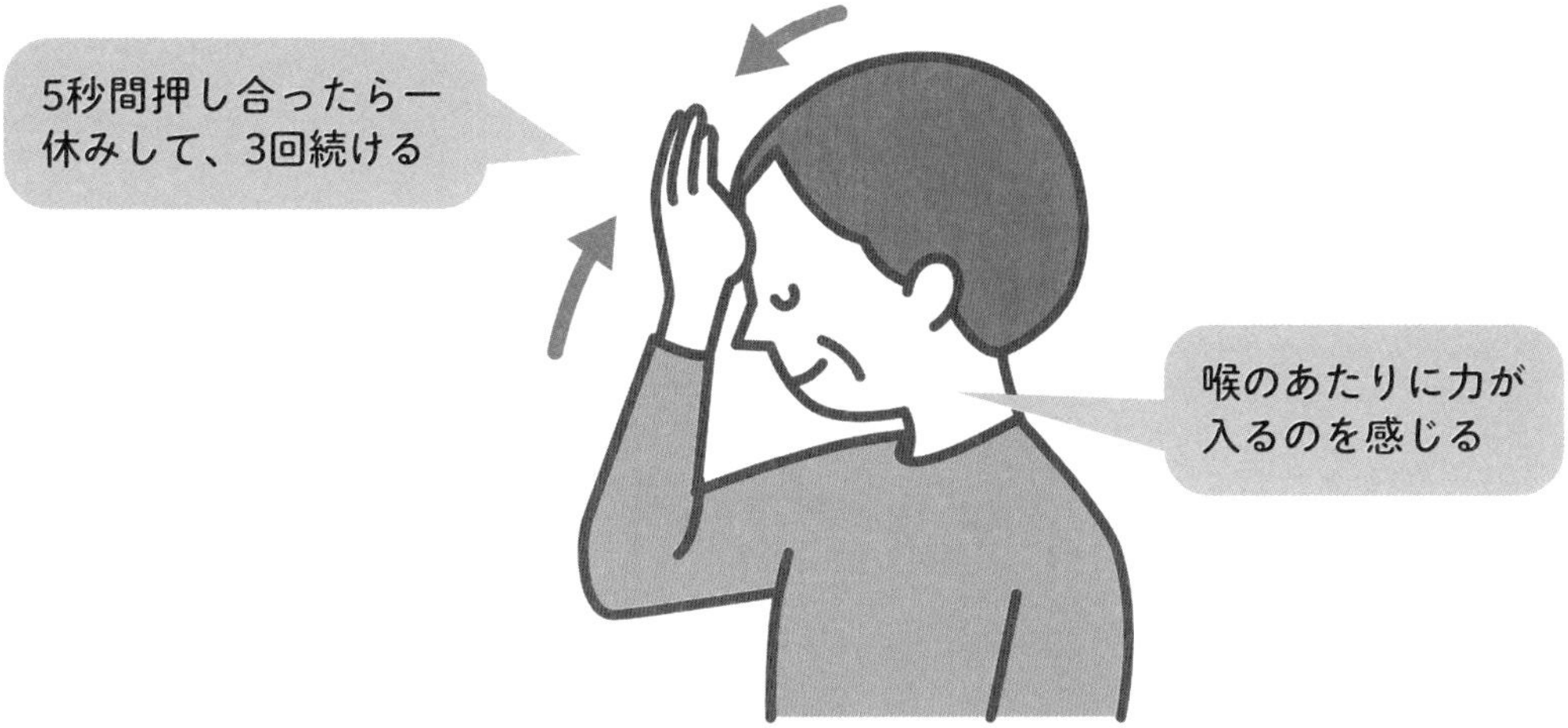
5秒間押し合ったら一休みして、3回続ける
喉のあたりに力が入るのを感じる

寝ながら喉の筋トレ

①仰向けに寝た姿勢のまま頭だけを持ち上げて、自分のつま先を見るようにする
②5〜10秒間キープして、ゆっくりともとに戻る

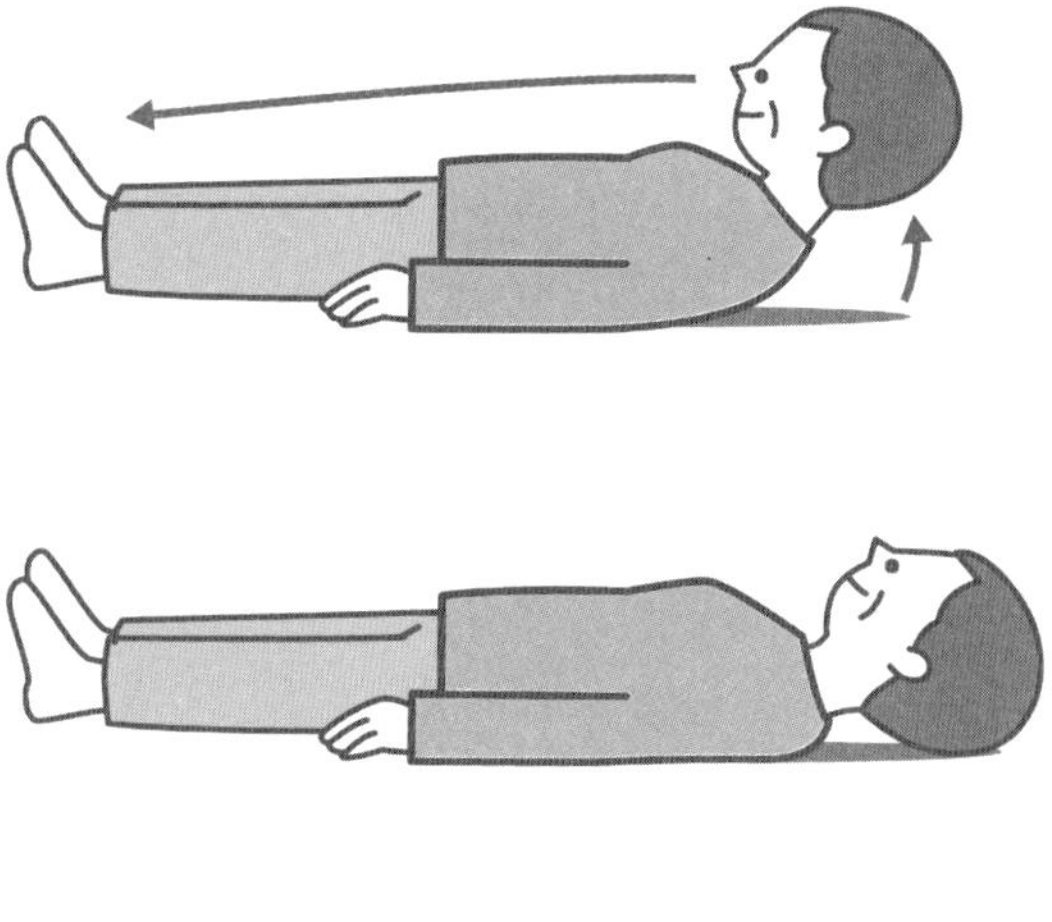

く筋肉を動かしましょう。マッサージは、介助者がやってあげてもいいですね。頬の真ん中や顎の下などには、唾液腺といって唾液を作る工場のようなものがあります。そのあたりをやさしくマッサージすると、唾液の出がよくなり、口の中の潤わせることができます。

体操をやるのが難しい場合はマッサージ

耳下腺

左右の耳の前方あたりにある耳下腺をやさしくマッサージ。左右の耳の下前のあたりに手を当て、指先でクルクルと円を描くようにする

顔を拭いた後に、いい香りの保湿クリームを塗りながらマッサージするのもおすすめ

舌下腺〜顎下腺

下顎の下にある舌下腺に親指を当ててマッサージ。下顎の左右にある顎下腺もやさしくマッサージする

顔を強くこするのではなく、気持ちのよい方向にやさしく動かすイメージです。

COLUMN

口を動かすと、足が疲れる?

「口を動かす練習をしているんだが、足がすごく疲れる」――かつて、病気の後遺症で舌がよく動かず、私が病院でリハビリテーションを担当していた方がおっしゃっていた言葉です。

口の中で舌を動かそうとすると、当然、口の周りや首の周りに力が入りますが、力が入るのはそこだけではありません。同時に足にも力が入り、ふんばっているのです。実際に、足をしっかりと床に着けた状態でないと、口や首にもうまく力が込められません。この方が「足が疲れる」と感じたのも、そのせいでしょう。

口と足、遠いようですが、連動していることがよくわかるエピソードです。食べたり話したりするときに使うのは口だけと思われがちですが、実は身体全体でバランスをとりながら動かしています。

この章では、食べる力をキープするためのトレーニングについて紹介していますので、できそうなものから日常生活に取り入れてみてください。

4 「食べる」ためには全身運動も大事！

- 「咳の強さ」は誤嚥をするかしないかのカギとなる
- 首周りは筋力だけでなく、しなやかさも重要

食べる動作には、口周りの動きだけでなく全身が関わっています。すべてのケースに当てはまるわけではありませんが、病院のリハビリ室でトレーニングする患者さんたちを見ていると、**「歩ける人は、食べられる」**ということを実感します。**動ける身体をキープすることが、美味しく安全に食事をする秘訣**といえます。

呼吸訓練の大切さ

「飲み込むこと」と「息をすること」は背中合わせの関係です。食べものも空気も、取り入れるときは口から喉までは同じ器官を使うからです。そのせいで、食べものが肺に入ってしまう誤嚥も起きるのですが、私たちの身体も食べものがそのまま肺に侵入するのを黙って見ているわけではありません。入ってはいけない場所に入ろうとすると、ガードマンがやってきて、追い返そうとします。肺においては、咳がそのガードマンです。

風邪をひいたり、むせたりして連続して咳が出ると、ちょっとした疲労感を覚えると思います。咳を出すには、腹筋をはじめ体の広範囲の筋肉を使う必要があるからです。

強い咳が出るというのは、誤嚥しそうになったものを外に押し返す力があるということ。それとは反対に、身体の筋肉が衰えて「ケホッ、ケホッ」と**弱々しい咳しか出せなくなると、それまで通りの食事を続けるのは難しい**かも……という段階に入ってきます。

「息をしっかり吸って、しっかり吐く」といった基本的な呼吸訓練

深呼吸のエクササイズ

①鼻から息を吸いながら、ゆっくりと両手を左右に開く

②ゆっくりと手を下ろしながら、口をすぼめてフーッと息を吐く

口をすぼめることで、口輪筋（口周りの筋）の強化にも
フーッと吐くときの呼気の圧力が気管支にかかることで、空気が出しやすくなる

腹式呼吸の基本は、空気を鼻から吸って口から吐く。慢性閉塞性肺疾患の人に、特に有効な呼吸法です。「ハ～」と吐くよりも、「フ～」のほうが肺に力が入る感じがしませんか？

「おじいちゃんが、お茶を飲んだらむせてしまいました。どうしましょう？」という相談も多いですが、しっかりと吐き出せるほどの力強い咳ができるようなら、多少むせることがあっても、それまで通りの食事を続けて様子を見ましょう。むせることが増えるようなら主治医への相談が必要です。

首周りのストレッチ

①頭を前→後ろ→左→右に傾けて、首のストレッチをする

②右回り・左回りで1回ずつ首を回す

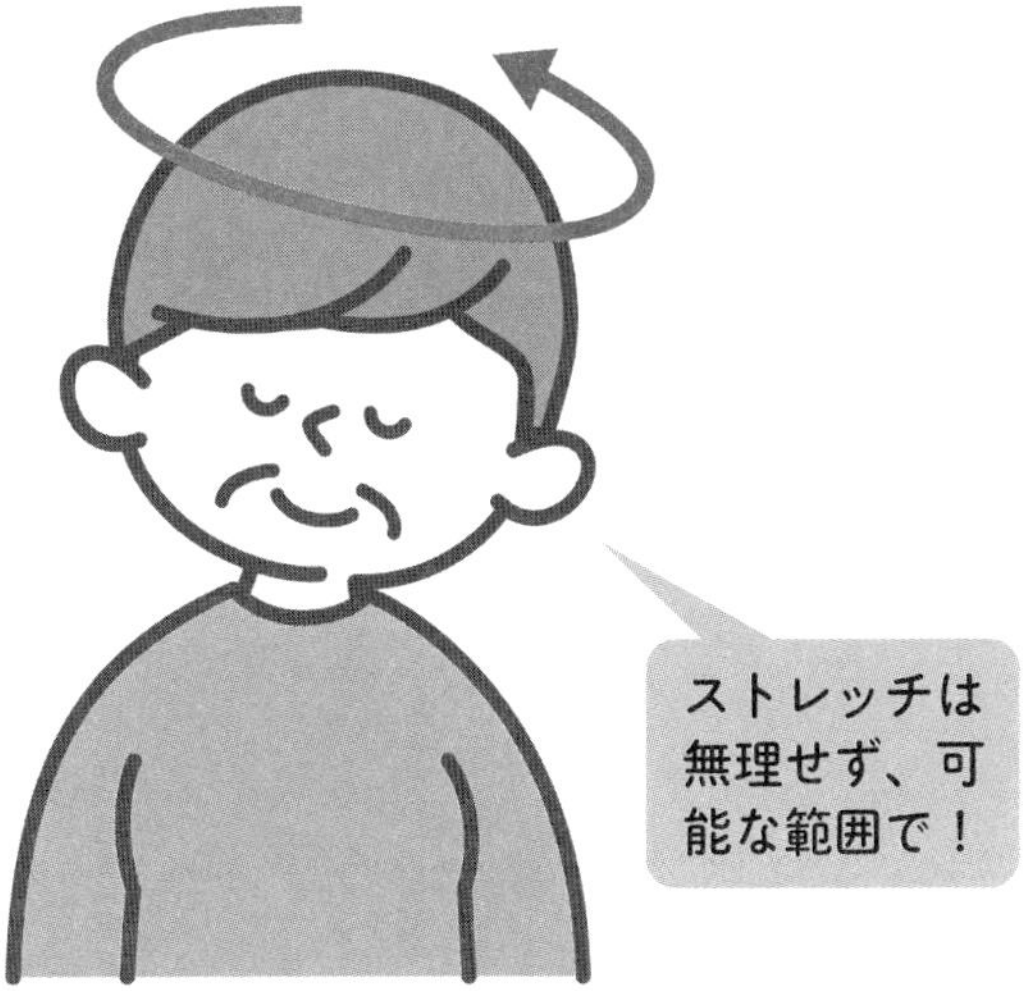

噛んだり飲んだりするときの首の位置はとても重要。首が自在に動くことは、安全に食べるための条件です。

は、誤嚥時の身体の防御反応の手助けになります。日中ずっと椅子に座っているなど、身体を動かす時間が少なくなってきた場合には、**意識的に深呼吸をする習慣を**取り入れてみてください。

　息を鼻から吸いながらゆっくりと両手を左右に開いて胸を広げたら、今度は口をすぼめてゆっくり手を下ろしながら息を吐きます。これを何度か繰り返して、気分もリフレッシュしましょう。

首は自在に動かせるか？

　突然ですが、みなさん、ちょっと天井を向いて、そのままツバを飲んでみてください。どうでしょう？　すごく飲みにくくありませんか？　それは首の向きのせいです。ふだんは意識しないかもしれませんが、**「食べやすさ」は首を自由に動かせるかどうかが大きな**

椅子を使って全身のエクササイズ

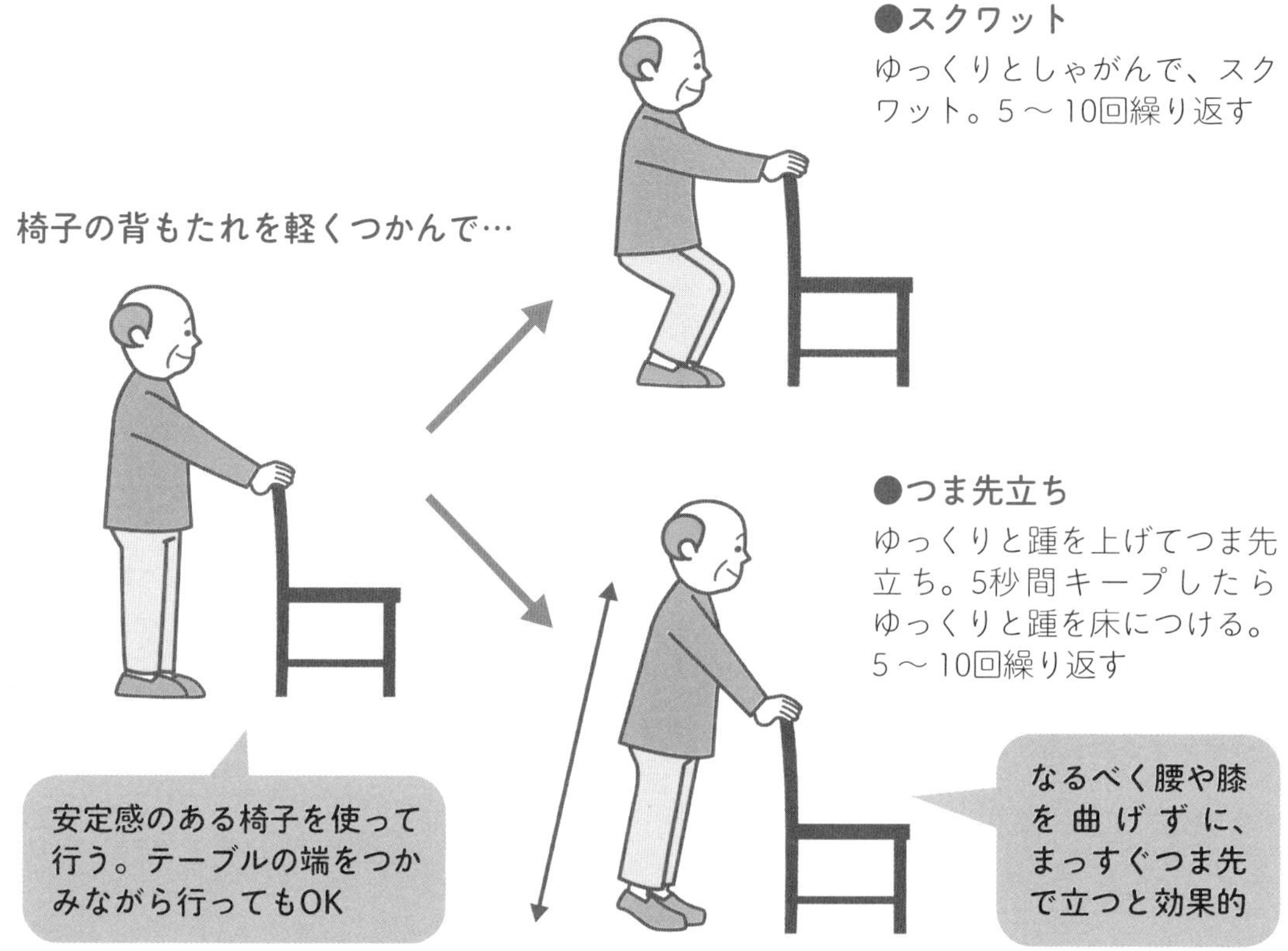

椅子の背もたれを軽くつかんで…
●スクワット
ゆっくりとしゃがんで、スクワット。5～10回繰り返す
●つま先立ち
ゆっくりと踵を上げてつま先立ち。5秒間キープしたらゆっくりと踵を床につける。5～10回繰り返す
安定感のある椅子を使って行う。テーブルの端をつかみながら行ってもOK
なるべく腰や膝を曲げずに、まっすぐつま先で立つと効果的

カギとなります。顔を上に向けた状態で飲み込みにくさを感じるのは、首の動きが上向きで制限されているためです。

患者さんに「首を回せるか」「腕をどこまで上げられるか」「肩の上げ下げができるか」などをやっていただくと、耳に付くまで腕を上げられないなど、首や肩周りの筋肉が硬くて可動域が狭い人が結構いらっしゃいます。特に寝たきりのケースでは、首が後ろに反った状態で固まってしまい、ずっと顎が天井を向いたまま寝ているような人も。首周りが固まっていると、食べものだけでなく、自分の唾液さえも飲み込みにくい状況が作られてしまいます。

第3章でも述べたように、「ちょっとうつむき加減」が飲み込みやすく、安全な姿勢です。**首や肩周りを適度にストレッチして、し**

椅子に座ってエクササイズ

椅子に深く腰掛け、座面をつかんで・・・

●もも上げ

片方の脚を、膝を曲げたままゆっくりと上げて、下ろす。もう片方の足も同様にする。5～10回繰り返す

●ついでに喉の筋トレも

椅子の座面を手で押しながら、「エイッ」と声を出す

●足上げ

片足ずつ、膝をゆっくりと伸ばしながら、つま先を上に上げる。両脚交互に5～10回繰り返す

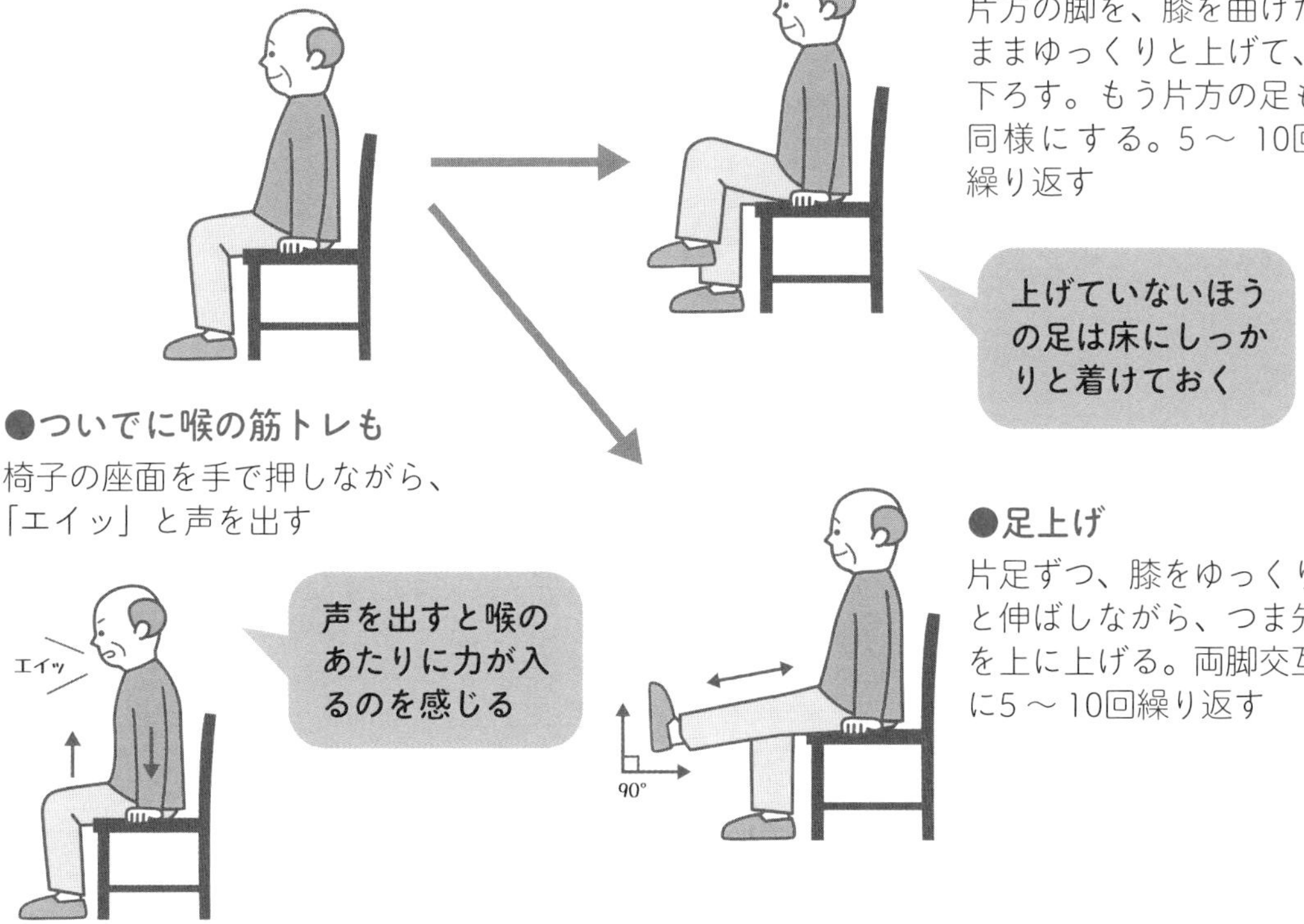
上げていないほうの足は床にしっかりと着けておく
エイッ
声を出すと喉のあたりに力が入るのを感じる
90°

なやかさをキープしましょう。

ふくらはぎは第二の心臓

ふくらはぎは「第二の心臓」といわれるように、その筋肉が収縮と弛緩を繰り返すことで、足の静脈の血液が重力に逆らって心臓に戻るのを助けます。また、足が弱ると転びやすくなったり（高齢者の転倒・骨折は「寝たきり」の主要な原因です）、歩くのが大変になって移動の介助が必要になったりします。簡単な運動でいいので、**毎日少しずつ行うことで「貯筋」**しましょう。

③にっこり笑って「イー」、ひょっとこの真似して「ウー」

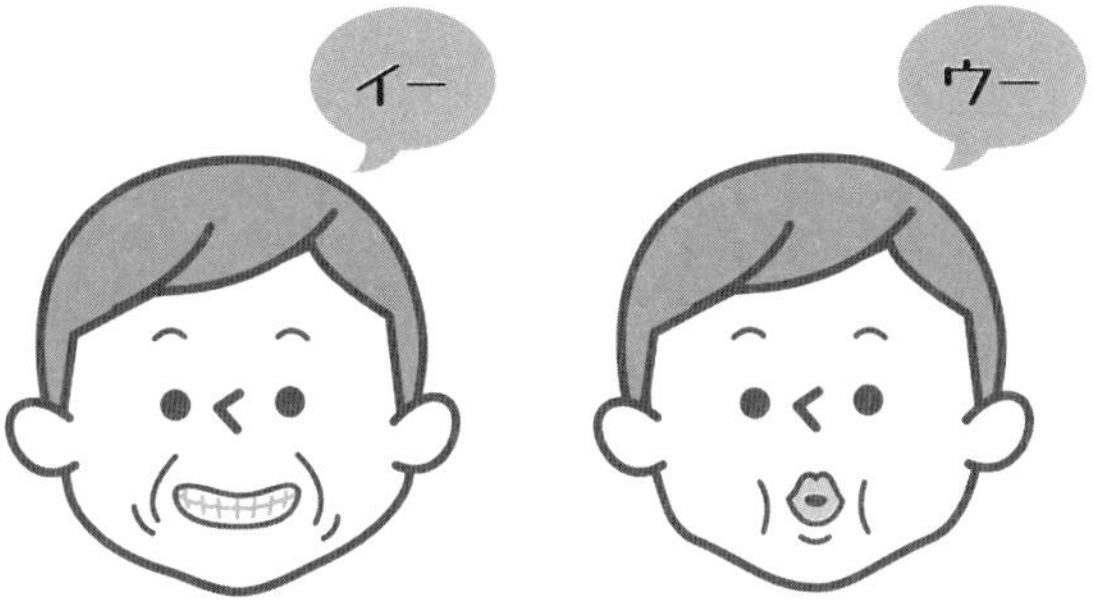

微笑みのエクササイズ（114ページ）
（114ページ）
メリハリのある動きの繰り返しで、食べこぼしを減らして咀嚼する力をキープ

④口を大きく開けて「あっかんべー」

大きく口を開けて、顎をしっかりと動かす

⑦大きな声で一言ずつ「ぱ・ん・だ・の・た・か・ら・も・の」

力強く咳をするのに必要な、肺や腹筋も鍛えられる

⑧最後に唾をゴックン

たくさん口を動かして、口の中は唾液で潤っているはず。唾をゴックンと飲み込んで、食事前の運動は終了！

いろいろなエクササイズを組み合わせてご飯前体操

①鼻からゆっくり吸って、口をすぼめてフーッと吐く

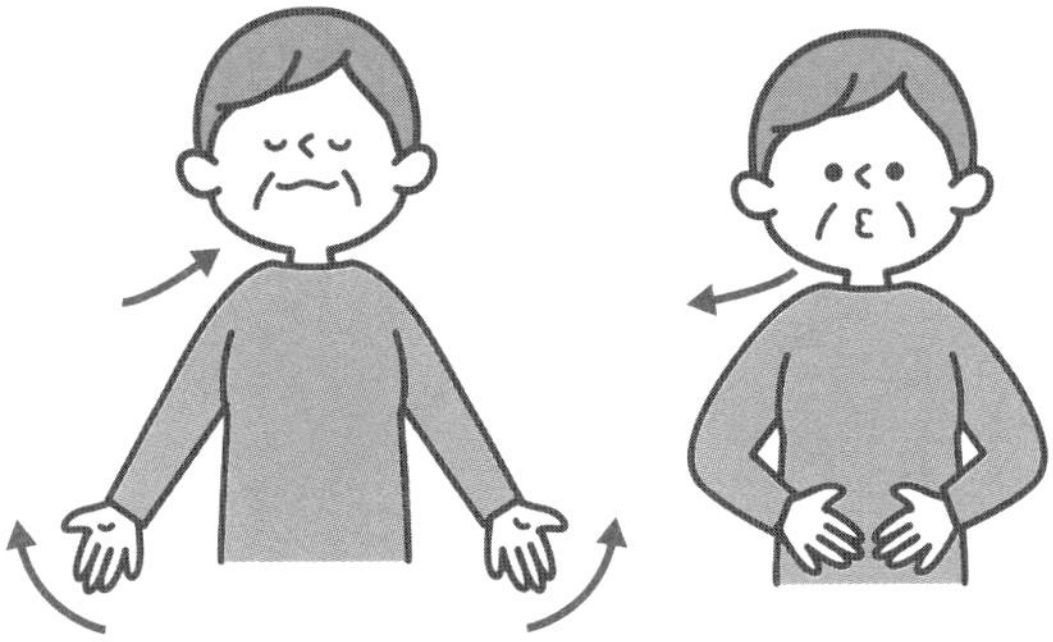

深呼吸のエクササイズ
（120ページ）

②頭を前→後ろ→左→右に傾けて、首のストレッチ。その後、右回り・左回りで1回ずつ首を回す

首周りのストレッチ
（121ページ）

⑤口を開けたまま、舌先を左右の口角にタッチ（速く動かすことよりも、しっかりとタッチすることを意識）

舌を意図した方向に巧みに動かす力を鍛える

⑥舌の先を、上の前歯の裏にぐーっと押しつける

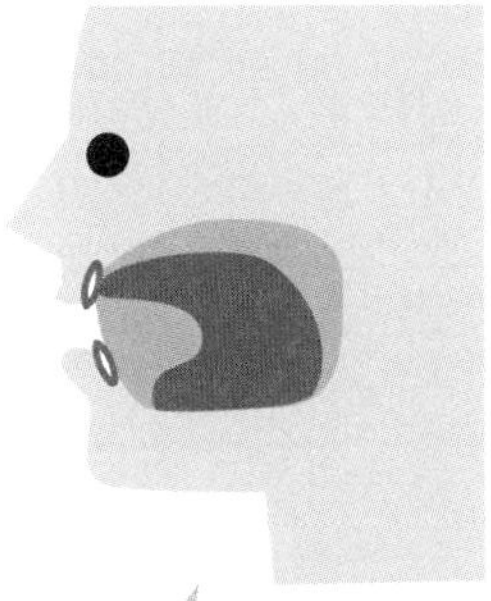

舌先を押し付ける動きは、食べものをゴックンと飲み込んで喉に送るときに重要

経腸栄養／経静脈栄養

5 いつか「食べられなくなる日」が来たらどうするか？

● 経腸栄養は胃腸から、経静脈栄養は血管から栄養を送る
● 「そのとき」に本人へ意思確認ができない場合もある

亡くなる直前まで食事を普通に召し上がる人もいれば、「最近、食事量が減ってきて……」と本人や周囲が自覚するほど食べられる量が減少していく人もいます。たいていの人は、年を重ねるにつれて食事量が減っていきます。

高齢者の場合、病気によってその生活が一変することが少なくありません。脳卒中などの急性の病気で、ある日突然食べられなくなることもあります。病状がよくなり、また普通の食事がとれるようになるケースもありますが、**病をきっかけに徐々に食べることが難しくなり、「口から食べる以外の選択」を迫られる**こともあります。そして、**その選択は、本人とともに周囲の家族が決めている**ケースを多く目にします。

経腸栄養・経静脈栄養

口から食べる以外の選択肢としては、**「経腸栄養」**といって管を使って胃腸に栄養剤を送る方法（経鼻胃管《けいびいかん》や胃ろう）と、**「経静脈栄養」**といって血管から栄養剤を入れる方法（点滴）があります。

状況によりますが、どちらも**口から食べることとの併用が可能**です。

第1章でも述べたように、「人間らしい生活」をすることが、身体を最もうまく動かせる仕組みです。病気などで胃腸を使ってはいけない場合以外は、経静脈栄養よりも経腸栄養が推奨されます。

経腸栄養の方法としては、経鼻胃管や胃ろうが知られています。「管につながれて……」とネガティブな印象を持つ人は多いですが、口から飲食できないときに確

経腸栄養と経静脈栄養

経腸栄養

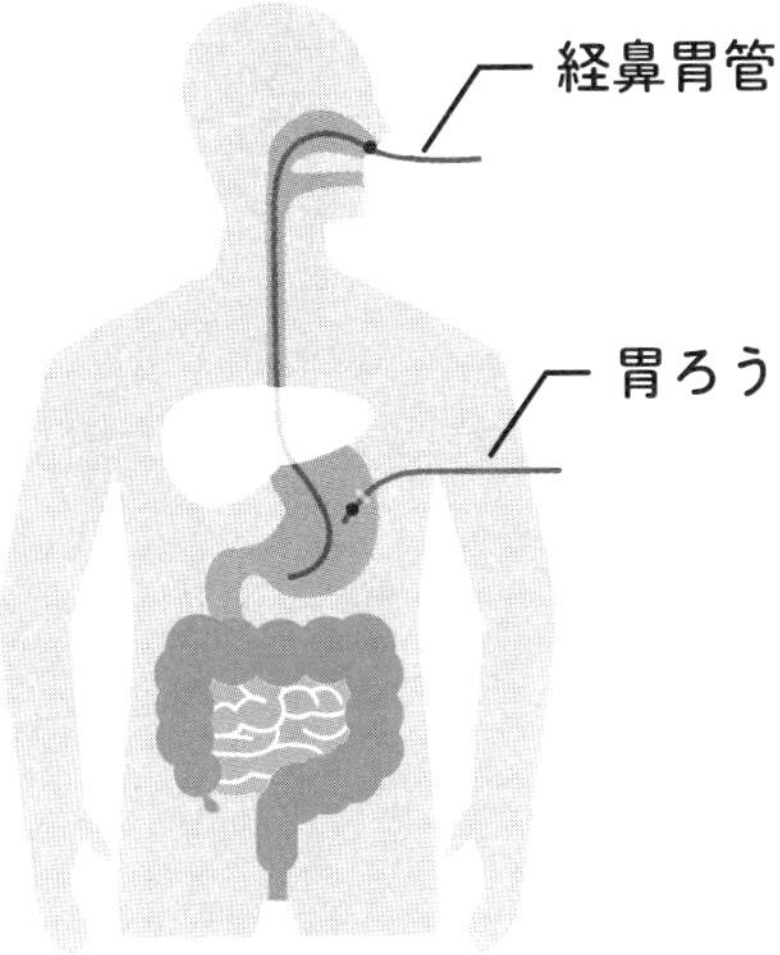

経腸栄養

・腸管を使って身体に栄養を補給
・「口から食べること」以外は身体の本来の動きに合った栄養方法

経鼻胃管

鼻から胃まで管を通すため、喉の動きを邪魔することがある

胃ろう

外科的処置をするため、その部分が感染する可能性も

経静脈栄養

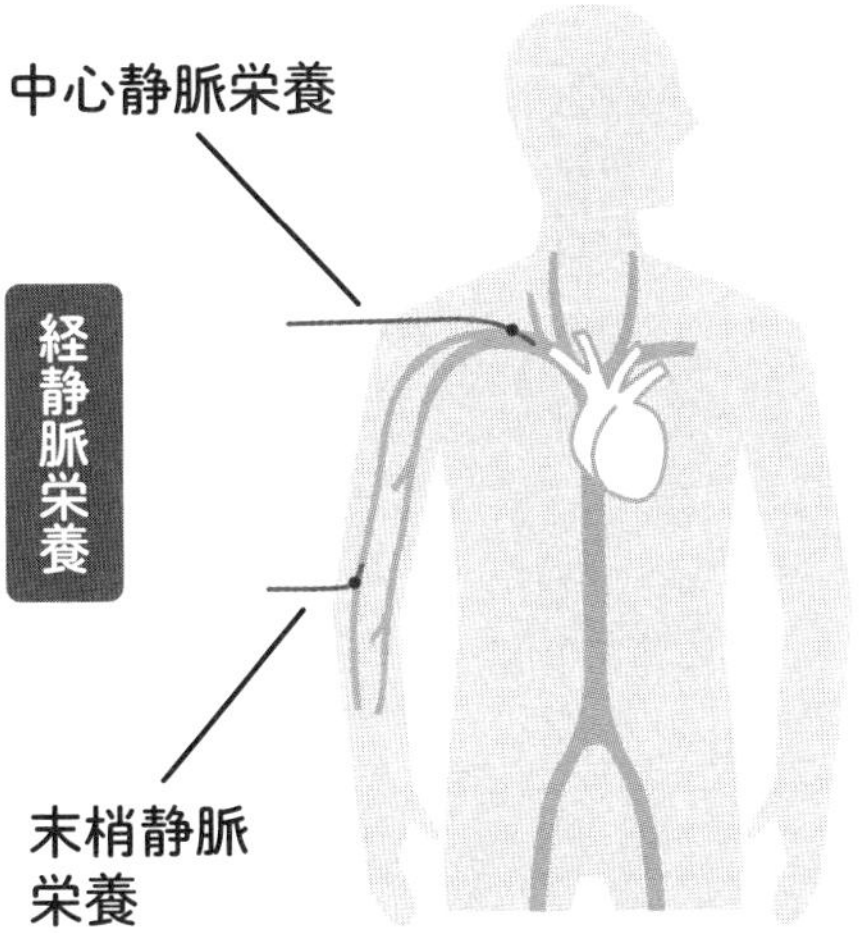

経静脈栄養

・腸管を使わず、血管から栄養補給する
・身体に栄養は入るが腸管を使わない（休ませておく）のでその機能が低下する（ただし、消化器系の病気の場合には経静脈栄養が行われる）

誤嚥や誤嚥性肺炎を繰り返すことを理由に経腸栄養を選択するケースもありますが、誤嚥性肺炎の可能性がゼロになるわけではありません。前述の通り、食べたものを誤嚥する以外の要因（汚れた唾液、胃からの嘔吐物など）は残っているからです。

実に栄養・水分・薬を身体に入れられるルートとして威力を発揮します。一時的な経腸栄養により、元気になる人もいらっしゃいます。基本的に、経鼻胃管は数週間という短い期間、胃ろうは年単位で使用可能です。

とはいえ、経腸栄養が長期に及ぶ、あるいはその管をずっと外せないだろうと予測されるケースもあります。そうした場合に、本人の意思で経腸栄養（胃ろう）を許容し、周囲の助けを借りながらうまく使っていければよいのですが、**本人の意思確認が難しい**ことが少なくありません。そして、周囲の家族が悩むことになるのです。

「そのとき」には 本人に相談できないことも…

『もしも』に備えて、治療や延命についての考え方を周囲に伝えておいたほうがよい」とよく聞きますが、「もし、口から食べることができなくなったら……」という話を事前にできている家族はどれくらいいらっしゃるでしょうか。

元気なうちはなかなか話が出ないかもしれませんが、**状況が深刻になる前に確認しておくべき大切なこと**です。

もちろん、状況によっては本人の希望に添えないこともあります。それでも、**「本人はこう思っていた」ということを知っておくのはとても大切**です。もう本人に聞くのが難しいという場合は、「親戚や知人が似た状況になったときに、本人はこんなことを言っていた」とか、「テレビを見ながら、こんなことを言っていた」など、その人の人生観を思い出してみてください。答えが見えてくるかもしれません。

「よし、話し合うぞ！」と身構える必要はありません。日常の何気ない会話の中で「口から食べられなくなったらどうしたいか、お互いに聞いておかない？」「私だったら、こうしてほしいわ」など少しずつでかまわないので話しておいてほしいのです。この何気ない会話が、いざというときの羅針盤になります。

COLUMN

COLUMN

そのときに出した答えはすべて正解

在宅で胃ろうによる栄養補給で、非常に元気になった高齢男性のお話です。パーキンソン病の影響でまったく食べられなくなり、胃ろうを造設することに。栄養・水分・薬をしっかり身体に入れられたことで、見違えるほど回復し、現在は経口摂取を徐々に再開しています。

ご本人とご家族は、胃ろうを決断したときの心境を「あのときは、それしかなかったから」と語っておられました。切羽詰まった状態でも、よい選択をされたのでしょう。

この男性のように、胃ろうによって元の生活に戻りつつある人もいれば、やはり誤嚥性肺炎などでお亡くなりになる方もいらっしゃいます。胃ろうを選択した結果、回復するかどうかは本当にケースバイケース。ただ、私のこれまでの経験から感じるのは、本人の意思が明確であったり、ご家族が非常に献身的であったり、胃ろうの意義を理解されているケースでは、胃ろうと上手に付き合えているということです。

もし、胃ろうを検討することになったら、本人の意思や長期的に見た生活の質（QOL）、介護サービス利用も含めたご家族のマンパワー、食べられなくなる原因となった病気が回復可能なものなのかなどをふまえて考えてみてください。

どんな結果でも、そのときに出した答えは正解です。

あとがきにかえて

「食べさせたい」気持ちと「食べたい」気持ち――終末期の食について

第5章の最後に、「いつか『食べられなくなる日』が来たらどうするか?」という話を入れました。介護度が上がってきて、口から食べることが難しくなり、胃ろうなどの長期的な栄養について考えることになるご本人やご家族は少なくありません。その決断は決して簡単ではないので、少しでも考えるヒントになればと入れた項目です。

かくいう私も、入院した父がだんだんと食べられなくなり、主治医から「この先どうしますか?」と問われた経験があります。仕事として同じような状況を数多く経験し、いろいろとわかってはいましたが、自分の家族のこととなると、非常に迷いました。結局、本人がかねてから「何もしない」と言っていたこともあり、そのまま自宅に帰ることにしました。亡くなる前にほんの少しだけ口にしたお味噌汁を「ああ、美味しい」と言った姿は、今でも目に焼き付いています。

「最期は自宅で過ごしたい」という方や、「家で過ごしてもらいたい」と希望するご家族は多くいらっしゃいます。住み慣れた場所で、家族と過ごし、好きなものを食べてほしい。でも、実際に家に帰るとなると、いろいろな手はずを整える必要があり、たくさんの悩みも出てきます。特に、人生のゴールに近づいていたり、病気が進行していると食思不振を訴える方も多いので、食事に関しても悩ましいところでしょう。

本書の執筆中に、在宅の終末期の患者さんを診ている医師の磯崎哲男先生と「終末期の食をどう捉えるか?」について話をする機会がありました。磯崎先生は、私が勤務する診療所の理事長でもあります。会話の中で、とても共感したお話がありました。

「緩和ケアの時期に入ったら、たとえ栄養バランスがとれていなくても、食べられるものだけ食べればいいのではないでしょうか。終末期の方が自宅にいらっしゃると、ご家族は『大好きなこれを食べさせてあげたい』という気持ちが高まります。でも、実際はそんなに食べられないことのほうが多い。

そのことに落胆したり、焦りを感じるご家族もいます。例えば、本人の大好きなお寿司を10貫も用意したのに、1貫しか食べてくれなかった……と落ち込んだり。

もちろん、食べないより食べたほうがいいし、栄養もとらないよりとったほうがいい。だけど、食べたくない、食べられないときに、『さあ、大好きな〇〇ですよ』と食べてもらおうとするのは、ご本人にとってはつらいことかもしれませんよと説明します」

普段は元気な私たちも、胃の調子が悪いときは、どんなに好きなものでも食べる気が起きませんよね。身体が弱って、動かない時間も多くなると、お腹が空かないのも仕方のないことです（入院患者さんの多くは「動かないからお腹がすかない」とおっしゃいます）。

介護の初期段階などでは、なるべく身体の機能を維持するためにも、食べて栄養をとってほしいところです。ただ、ご家族の「食べさせたい」という熱量と、本人の「食べたい」という熱量は必ずしも一致しません。私の父がお味噌汁を口にして発した「ああ、美味しい」も、家族への愛情表現だったのかもしれないと感じています。

介護する人、される人、それぞれがいろいろな思いを持って過ごされています。正解のない中での日々は、とても大変で疲れるものでしょう。本書が、「食べること」において、みなさまそれぞれの「正解」を見つけるヒントになればと、心から願っております。

齋藤 真由

参考文献

・齋藤真由、他「摂食嚥下障害患者への包括的介入を目的とした多職種によるチーム設立と活動の報告」老年歯科医学 第34巻第1号、P101–111、2019年

・山本龍生「歯科から考える転倒予防」日本転倒予防学会誌 5巻1号、P23–25、2018年

・日本摂食・嚥下リハビリテーション学会医療検討委員会「日本摂食・嚥下リハビリテーション学会嚥下調整食分類 2013」日本摂食嚥下リハビリテーション学会誌 17巻3号、P255–267、2013年

・西田亙『内科医から伝えたい 歯科医院に知ってほしい糖尿病のこと』医歯薬出版、P44–54、2017年

・日本歯周病学会『糖尿病患者に対する歯周治療ガイドライン 改訂第2版』医歯薬出版

・医療情報科学研究所『病気がみえるvol.3：糖尿病・代謝・内分泌』（第3版）メディックメディア、P67、83

・J.A.Logemann著／道健一・道脇幸博監訳『Logemann 摂食・嚥下障害』医歯薬出版、P155–156

・谷口英喜『イラストでやさしく解説! 「脱水症」と「経口補水液」のすべてがわかる本 改訂版』日本医療企画

・村山篤子、茂木美智子、他『最新調理科学』建帛社

・田中弥生、宗像信子『おいしい、やさしい介護食 臨床栄養別冊』医歯薬出版

・佐藤彰紘『がんばらなくても誤嚥は減らせる！シンプル食サポート』医歯薬出版、P10

・坂田三弥、中村嘉男『基礎歯科生理学』医歯薬出版、P288–291、360–374

・菊谷武『チェアサイド　オーラルフレイルの診かた』医歯薬出版　P14〜16

・本川佳子「高齢期の栄養ケア－歯科と栄養の関連―」老年歯科医学 第34巻第１号、P81–85、2019年

・「はつらつ食品春夏号（2021年4－9月）」ヘルシーネットワーク、P29–30

・東京消防庁ホームページ「STOP！高齢者の『窒息・窒息誤飲』」2021年10月18日閲覧

本書内容に関するお問い合わせについて

このたびは翔泳社の書籍をお買い上げいただき、誠にありがとうございます。弊社では、読者の皆様からのお問い合わせに適切に対応させていただくため、以下のガイドラインへのご協力をお願い致しております。下記項目をお読みいただき、手順に従ってお問い合わせください。

■ ご質問される前に

弊社Webサイトの「正誤表」をご参照ください。これまでに判明した正誤や追加情報を掲載しています。

正誤表　　https://www.shoeisha.co.jp/book/errata/

■ ご質問方法

弊社Webサイトの「刊行物Q&A」をご利用ください。

刊行物Q&A　　https://www.shoeisha.co.jp/book/qa/

インターネットをご利用でない場合は、FAXまたは郵便にて、下記“翔泳社 愛読者サービスセンター”までお問い合わせください。
電話でのご質問は、お受けしておりません。

■ 回答について

回答は、ご質問いただいた手段によってご返事申し上げます。ご質問の内容によっては、回答に数日ないしはそれ以上の期間を要する場合があります。

■ ご質問に際してのご注意

本書の対象を越えるもの、記述個所を特定されないもの、また読者固有の環境に起因するご質問等にはお答えできませんので、あらかじめご了承ください。

■ 郵便物送付先およびFAX番号

送付先住所　　〒160-0006　東京都新宿区舟町5
FAX番号　　03-5362-3818
宛先　　（株）翔泳社 愛読者サービスセンター

[著者プロフィール]

齋藤 真由（さいとう まゆ）

女子栄養短期大学にて栄養士、昭和大学歯学部にて歯科医師の資格を取得。同大大学院にて食品物性と摂食嚥下障害について研究、歯学博士取得。歯学・栄養学の両面から患者の診療にあたり、病院だけでなく在宅や施設への訪問診療などあらゆる場面で摂食嚥下診療を行っている。また、食べることを通じて健康を支えるロジカルメソッドを「食筋トレ」としてまとめ、一般の方から医療従事者まで、食と健康について幅広く学べるスクール「エムデミールアカデミー」を主宰している。

現在、東京都保健医療公社 荏原病院歯科口腔外科 口腔・嚥下ケアチーム（Oral and swallowing Care Assistance Team : O-CAT）チームリーダー、医療社団法人小磯診療所非常勤医師、昭和大学歯科病院口腔リハビリテーション科兼任講師。

著書：『気づきの摂食嚥下と口腔ケア「たべる」をささえるケアの気づきとレシピのヒント』（秀和システム）

装丁　大岡 喜直（next door design）
本文デザイン　相京 厚史（next door design）
カバーイラスト　平尾 直子
本文イラスト　古藤 みちよ（cue' s）
本文DTP　BUCH⁺

「食べる」介護のきほん
誤嚥を防いで食の楽しみをキープする、食事介助＆お口のケア（はじめての在宅介護シリーズ）

2021年11月18日　初版第1刷発行

著者　齋藤 真由（さいとう・まゆ）
発行人　佐々木 幹夫
発行所　株式会社 翔泳社（https://www.shoeisha.co.jp）
印刷・製本　日経印刷 株式会社

本書へのお問い合わせについては、134ページに記載の内容をお読みください。

ISBN978-4-7981-7264-4　Printed in Japan